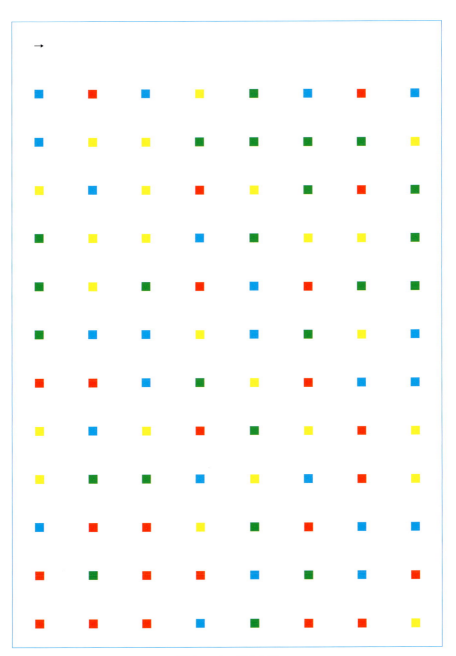

図 6.2 カード 2 の例

→

赤	緑	緑	緑	青	緑	黄	赤
赤	赤	青	赤	黄	赤	赤	緑
赤	黄	緑	青	赤	赤	緑	黄
青	緑	青	緑	青	緑	青	黄
黄	赤	黄	青	黄	緑	青	青
赤	赤	黄	青	赤	黄	赤	黄
黄	青	赤	赤	青	青	赤	黄
青	緑	青	黄	青	赤	黄	緑
緑	赤	黄	黄	青	黄	黄	赤
緑	黄	青	赤	青	青	黄	赤
緑	黄	緑	緑	緑	青	緑	黄
緑	青	黄	緑	赤	緑	青	緑

図 6.3 カード 3 の例

練　習

できるだけ速く正確に単語を読み上げてください。

できるだけ速く正確にインクの色を言ってください。

単語は何と書かれていますか？　インクの色は無視して単語をできるだけ速く言ってください。

単語は何色で書かれていますか？　単語を読むのではなくインクの色をできるだけ速く言ってください。

図 6.4　練習カードの例

テキストライブラリ 心理学のポテンシャル――別巻 4

ポテンシャル
心理学実験

厳島 行雄・依田 麻子・望月 正哉 編

psychologia potentia est

サイエンス社

監修のことば

　21世紀の心理学は前世期後半の認知革命以来の大きな変換期を迎えている。その特徴は現実社会への接近および周辺の他領域との融合であろう。

　インターネットの急速な発展により，居ながらにして世界中の情報を手にすることができる現代においては，リアリティをいかに維持するかが大きな課題である。その一方で身近には未曾有な大災害が起こり，人間の手ではコントロールが困難な不測の事態に備える必要が生じてきている。インターネットは人々に全能感を与え，大災害は人々に慢性的な不安を喚起する。このような現代に生きる者には，心についての深い理解は緊急の課題といえよう。

　こうした課題の解決に心理学は大きく貢献することができる。実験心理学は，情報の獲得，処理，そして行動に至る広範な知識を提供することで，生活のリアリティについての基盤を与え，その経験の原理を理解させる。臨床心理学的知見は慢性的な不安をはじめとする，現代の心の危機についての多様な，そして精緻な対処法を教える。

　本ライブラリは，急速に変化しつつある現代社会に即応した心理学の現状を，わかりやすく大学生に伝えるための教科書が必要とされている，という思いから構想されたものである。

　本ライブラリの特長は以下のようにまとめられる。①半期の授業を意識し，コンパクトに最新の知見を含む内容をわかりやすくまとめている。②読者として初学者を想定し，初歩から専門的な内容までを示すことで，この本だけで内容が理解できるようになっている。③情報を羅列した参考書ではなく，読むことで内容が理解できる独習書になっている。④多様な心理学の領域が示す「人間観」を知ることで，実社会における人間理解も深くなるように構成されている。つまり，社会に出てからも役に立つことを意識している。

　本ライブラリが心理学教育に少しでも貢献できることを願っている。

監修者　厳島行雄
　　　　横田正夫
　　　　羽生和紀

まえがき

　心理学における実験や調査・検査等の実習は，心理学がいかに事実を収集するのかという基本的な方法にかかわる，きわめて重要な学習方法である。もちろん研究法や測定法，検査法などに関する机上の授業でも心理学のデータ収集の基本的方法やバイアスのかからない諸技法を学習することができる。しかし，心理学が科学としての方法論に依拠した学問であること，そして実際にその方法を自ら体験的にとらえることは，心理学がどのようにして学問として成り立っているのかという学問のエッセンスを，情報の提供者，つまり研究者の視点から学ぶことになる。実際に自ら実験者や検査者になり，また実験参加者や被検査者になり，研究の方法を実習することで，直接に心理学を経験することができる。

　このような実習ではそれなりの案内役になるテキストが重要な役割を演ずることになる。そこで本書は日本大学文理学部心理学科の実験・実習を担当する教員が編者となり，実際に授業を担当している諸教員に上記の点を踏まえて執筆をお願いした。そして，実験や検査，観察法という心理学がもっている方法の意味を理解できるように工夫したつもりである。それは以下の点に示される。

1. 心理学の科学としての発展と実証的研究の基本を解説した。
2. レポート・論文の書き方について詳細な解説を加えた。
3. 認定心理士資格の単位認定基準・公認心理師の科目要件の両方に対応した課題を用意した。
4. 個々の課題の実習の意味をその領域の研究と関連づけて，きちんと説明するというスタンスを採用した。
5. 結果の整理が的確に行えるように表などを工夫して表現した。
6. 発展的にとらえる課題を各章の最後に用意した。
7. 参考図書も重視し，各章の最後で簡単ではあるがその図書の特徴を記した。

本書では 11 の課題を用意しているが，テキストの課題の並びにこだわる必要はない。それぞれ実習を担当される先生方の考えで順序を決定してもらえればと思う。

　本書を通じて心理学の研究法を習得することにより，心理学がどのようにして科学的知識を蓄積しているのかについて深く理解できるようになるであろう。そして人間の精神の働きや行動の規則性の発見の一端を体験として理解できることが期待される。

　平成 31 年 2 月

編 者 一 同

目　次

まえがき …………………………………………………………………… i

第1章　心理学実験を始める前に　1

1.1　心理学の対象と科学的研究法 …………………………………… 2
1.2　知識を得るための4つの方法 …………………………………… 4
1.3　知識を得るための科学の方法——その思考法 ………………… 6
1.4　心理学における科学的方法 ……………………………………… 8
1.5　心理学研究において研究者が遵守すべき倫理 ………………… 12
1.6　ま と め …………………………………………………………… 13
参 考 図 書 …………………………………………………………… 14

第2章　論文・実験レポートの書き方　15

2.1　なぜ論文・レポートを書くのか ………………………………… 16
2.2　論文の種類と構成 ………………………………………………… 16
2.3　文献を調べる ……………………………………………………… 18
2.4　文章の書き方の基本 ……………………………………………… 21
2.5　レポートを書く …………………………………………………… 22
2.6　レポートが完成したと思ったら ………………………………… 34
参 考 図 書 …………………………………………………………… 34
コラム2.1　実験の再現性と追試 …………………………………… 35

第3章　ミュラー・リヤー錯視　41

3.1　背景と目的 ………………………………………………………… 42
3.2　方　　法 …………………………………………………………… 43
3.3　結　　果 …………………………………………………………… 47

iv　　　　　　　　　　目　次

　　3.4　考察のポイント ……………………………… 48
　　3.5　課題の解説 …………………………………… 48
　　発 展 課 題 ………………………………………… 50
　　参 考 図 書 ………………………………………… 51

第4章　触2点閾の測定　53

　　4.1　背景と目的 …………………………………… 54
　　4.2　方　　法 …………………………………… 55
　　4.3　結　　果 …………………………………… 59
　　4.4　考察のポイント ……………………………… 60
　　4.5　課題の解説 …………………………………… 60
　　発 展 課 題 ………………………………………… 63
　　参 考 図 書 ………………………………………… 63

第5章　両側性転移　65

　　5.1　背景と目的 …………………………………… 66
　　5.2　方　　法 …………………………………… 66
　　5.3　結　　果 …………………………………… 70
　　5.4　考察のポイント ……………………………… 70
　　5.5　課題の解説 …………………………………… 73
　　発 展 課 題 ………………………………………… 75
　　参 考 図 書 ………………………………………… 75

第6章　ストループ効果　77

　　6.1　背景と目的 …………………………………… 78
　　6.2　方　　法 …………………………………… 79
　　6.3　結　　果 …………………………………… 83
　　6.4　考察のポイント ……………………………… 84

目　次　　　　　　　　v

　　6.5　課題の解説 …………………………………………84
　　発 展 課 題 ………………………………………………86
　　参 考 図 書 ………………………………………………86

第7章　系列位置効果　89

　　7.1　背景と目的 …………………………………………90
　　7.2　方　　法 …………………………………………92
　　7.3　結　　果 …………………………………………97
　　7.4　考察のポイント ……………………………………97
　　7.5　課題の解説 …………………………………………98
　　発 展 課 題 ………………………………………………101
　　参 考 図 書 ………………………………………………101

第8章　パーソナル・スペース　103

　　8.1　背景と目的 …………………………………………104
　　8.2　方　　法 …………………………………………105
　　8.3　結　　果 …………………………………………109
　　8.4　考察のポイント ……………………………………110
　　8.5　課題の解説 …………………………………………110
　　発 展 課 題 ………………………………………………112
　　参 考 図 書 ………………………………………………113

第9章　SD法　115

　　9.1　背景と目的 …………………………………………116
　　9.2　方　　法 …………………………………………117
　　9.3　結　　果 …………………………………………120
　　9.4　考察のポイント ……………………………………121
　　9.5　課題の解説 …………………………………………122

発展課題 …………………………………………………………………… 123
参考図書 …………………………………………………………………… 123

第10章　一対比較　125

10.1　背景と目的 ……………………………………………………………… 126
10.2　方　　法 ……………………………………………………………… 127
10.3　結　　果 ……………………………………………………………… 131
10.4　考察のポイント ………………………………………………………… 134
10.5　課題の解説 ……………………………………………………………… 135
発展課題 …………………………………………………………………… 136
参考図書 …………………………………………………………………… 137

第11章　皮膚電気活動を用いた定位反応の観察　139

11.1　背景と目的 ……………………………………………………………… 140
11.2　方　　法 ……………………………………………………………… 140
11.3　結　　果 ……………………………………………………………… 142
11.4　考察のポイント ………………………………………………………… 145
11.5　課題の解説 ……………………………………………………………… 145
発展課題 …………………………………………………………………… 147
参考図書 …………………………………………………………………… 147

第12章　自己観察（セルフモニタリング）
　　　　　──スマートフォン使用──　149

12.1　背景と目的 ……………………………………………………………… 150
12.2　方　　法 ……………………………………………………………… 150
12.3　結　　果 ……………………………………………………………… 153
12.4　考察のポイント ………………………………………………………… 154
12.5　課題の解説 ……………………………………………………………… 155

発展課題 …………………………………… 156
参考図書 …………………………………… 156

第13章 神経心理学的検査・テストバッテリー　157

13.1 背景と目的 …………………………… 158
13.2 方　　法 …………………………… 161
13.3 結　　果 …………………………… 164
13.4 考察のポイント ……………………… 165
13.5 課題の解説 …………………………… 167
発展課題 …………………………………… 168
参考図書 …………………………………… 168

引用文献 ……………………………………… 171
人名索引 ……………………………………… 177
事項索引 ……………………………………… 178
執筆者紹介 …………………………………… 180

心理学実験を始める前に

　科学的心理学が誕生して以降,心理学はその研究対象を替えながら発展してきた。本章では,まずはその流れを手短に紹介し,心理学の発展の軌跡をたどることにする。心理学の理解にはこの科学的思考の理解が欠かせない。知識を固定化する最良の方法としての科学的方法,それらの方法の背後にある科学的思考の特徴,そして心理学の研究方法の大枠を呈示する。最後に研究者が考慮すべき倫理について述べることにする。

1.1 心理学の対象と科学的研究法

　どのような学問もその領域における研究の目的，対象，方法をもっている。それらは研究を構成する基本的要素と考えてもよいであろう。学問としての心理学も然りである。学問とは，「一定の理論に基づいて体系化された知識と方法」とされるから，学問としての心理学は「人間や他の生活体（オーガニズム）の行動やこころに関する体系化された知識と方法」ということになるであろう。私たちの学ぶ心理学はその発生から現在に至るまで，歴史的にその対象を替え，目的も替え，またそれらの変化に伴って方法も替えてきた。方法に関していえば，対象や目的の変化に応じて多様な工夫がなされてきたといえよう。ただ，心理学はその誕生をヴント（Wundt, W., 1832-1920）以降のものととらえるなら，心理学は科学的方法（ヴントは生理学的方法を考えていた。事実，ヴントはヘルムホルツ（von Helmholtz, H., 1821-1894）のもとで研究を行っていた）の考えを採用して発展してきたことになる。

　研究が「新しい事実や解釈の発見」ということであれば，心理学に照らして考えれば，それは「人間のこころの働きや行動の法則に関する新しい事実や解釈の発見」ということになろう。

　心理学の発展を歴史的にみると，心理学は時代によってその対象を替えてきたことがわかる。ヴントやジェームズ（James, W., 1842-1910）の心理学は主に意識の科学を目指すものであったが，その両者のアプローチの方法はずいぶんと異なっていた。ヴントは還元的な方法を考え，意識は最終的なアウトプットであり，そのアウトプットを生み出す基本的要素にはプリミティブな感覚や単純感情を仮定していて，それがどのように意識として統合されるのかを明らかにしようと試みた。統覚や連合という機能が統合のメカニズムと考えられていた。これに対してジェームズは意識の流れが心理的な実在であるととらえ，それを生物学的な機能としてとらえていた。ヴントの立場は**要素主義的**（elementalism）なら，ジェームズの立場は**機能主義的**（functionalism）であるといえよう。しかしこの流れから，1910 年代にワトソン（Watson, J. B., 1878-1958）の**行動主義**（behaviorism）が現れた。ワトソンは心理学が厳密な

意味での科学を目指すのであるならば、その対象を観察可能なものに限定する必要があると説いた。そのために、主観的な意識は心理学研究から排除されることになったのである。ワトソンは心理学の研究対象となるのは行動であり、行動の単位は反応であり、最も基本的な反応を条件反射と考えていた（Watson, 1916）。これはパヴロフ（Pavlov, I. P., 1849-1936）の条件反射やベヒテレフ（Bekhterev, V. M., 1857-1927）の**客観的心理学**（objective psychology）を基本的なアイデアとして、刺激と反応の機械的な結合から複雑な行動が説明できるという立場である。このことは、心理学の対象が意識から行動にシフトしたことを意味している。

この行動主義の台頭とほぼ同時期に、ドイツでは**ゲシュタルト心理学**（Gestalt psychology）が起こり、独自の立場から心的現象の特性の説明が試みられた。ゲシュタルト心理学の特徴は、①要素主義の否定（心的現象の特性は要素の集合によって決まるものではない）、②部分の性質が変わっても全体の性質は保たれる傾向にあること（移調可能性）、③刺激と感覚の間には一対一の対応関係がないこと（恒常仮定の否定）などで、行動主義のような連合主義的な行動の解釈を採用しない立場であった。その代わり、力学説と場の理論が主要な説明概念となった。ケーラー（Köhler, W., 1887-1967）は心的現象におけるゲシュタルトは全体的なものであり、しかも心的現象に対応した脳過程もその全体性を反映したものであるはずと考えて、心理物理同型論を展開した。ケーラーはもともとは物理学の出身であるから、そういう発想が出てきたのかもしれない。レヴィン（Lewin, K., 1890-1947）などはむしろ場の力学説を独自に展開させて、社会心理学やパーソナリティ心理学研究に強い影響を与えた。

ヨーロッパで心理学が起こり、発展し始めた時期には、心理学ではないものの、パーソナリティやこころの力動的側面を理論化するという、治療的側面も含んだ**精神分析学**（psychoanalysis）が起こった。フロイト（Freud, S., 1856-1939）の系譜である。この学派はこころの無意識の部分に焦点を当てて、この無意識における欲動が行動の源泉であり、心的現象の背後に無意識が介在していると主張した。この精神分析学の発展によって、心理学が無意識を研究の対象とする下地をつくったといっても過言ではないであろう。たとえば認知心理

学における記憶の区分である潜在記憶や知覚心理学における閾下知覚などの現象は，まさに意識に上らない情報が私たちの行動に影響していることを教えてくれている。

以上のような発展とは別に，心理学にはゴールトン（Galton, F., 1822-1911）が行った心理学特性の個人差の研究（優生学），相関研究の系譜がある（ゴールトンはダーウィン（Darwin, C., 1809-1882）のいとこであり進化論の影響を強く受けている）。この流れが心理検査の発展（パーソナリティの研究やフランスのビネー（Binet, A., 1857-1911）の知能研究）につながっていく。

心理学を歴史的視点から概観すると，心理学はその研究対象を変遷させて発展してきたことがわかる。つまり，意識，行動，無意識，個人差等が心理学の研究対象となった。1950年代以降になると，それまでの研究対象であったものを幅広く扱う心理学が登場する。認知心理学である。この心理学は積極的にこころの機能と構造の解明を試みるもので，こころについての独自の理論構築を行い，人間の精神活動を積極的に科学的方法を用いて解明しようとする立場である。

以上のような心理学の発展を支えたものが科学的方法である。では，なぜ科学的方法なのであろうか。以下ではアメリカの哲学者パースの考えをみていくことにしよう。そこでは知識の信念化（固定化）が最も厳密に行われるものとして，科学の特徴が説明されている。

1.2 知識を得るための4つの方法

アメリカの哲学者パース（Peirce, C. S., 1839-1914）は，人間が信念を固定する方法（確実性の達成）として，4つの方法があると指摘している（Peirce, 1877）。それらは，固執執念，権威，先験的方法，科学である。この中の最初の3つが広く行き渡っているものの，それらはさまざまな欠点を含んでいる。そして，最後の科学のみが真の知識に至る最良の方法であるとしている。

まず固執とは，愚直なほどに維持される盲目的な信念のことで，得体の知れない不確実なものへの恐怖によって動機づけられるものである。愚直な信念は

その信念に反する証拠すら顧みないし，その信念を支持する証拠のみに注意を向けてしまう。パースはこの方法が，王政ローマの第2代の王であるヌマ・ポンピリウスから19世紀のピウス・ノナスに至るまでの，神学や政治における教義の展開に使用された方法であったことを指摘する。このような信念の起源は明らかではないが，現代流に解釈するならば偏見の概念に近く，認知における確証バイアスのような，自身のもつ仮説に都合のよい証拠や事実を集めてしまう思考の傾向とつながるのかもしれない。

第2の信念を固定する方法は，権威に従うというものである。たとえば，私たちは体調がすぐれなければ，病院に行って医師に原因や治療について相談をする。これは医師という権威を信じて，言い換えれば，医師は病気を治す方法を知っているはずという暗黙の信念があるためにそうする。このような権威を信ずるということは，日常でもけっこう多くの知識の獲得に使われている方法である。多くの教育は，そのような権威から学ぶことによって成り立つ。しかし，これは必ずしも完全な知識を与えるものではない。たとえば，医師でも誤診することもあれば，専門家の知識が誤っていることもある。

信念を固定する第3の方法は先験的方法である。これは固執や権威による方法を改善できるものである。それは，異なったアイデアをもつ人々の間で，合理的な議論の結果として，自然の原因と調和する信念を発展させるものである。なぜ先験的とよばれるかというと，信念の形成が直接経験に依存するよりも議論や論理的演繹に基づいて行われるからである。信念は先行する仮説から演繹される。パースによれば，この先験的方法は形而上学哲学者に好まれる方法であるという。

信念を発展させる最も信頼のおける方法が科学の方法であるとパースは指摘する。この方法は現実を，それにかかわるあらゆる意見とは独立に，知ることを可能にする手続きである。もちろん科学に携わる人間も固執や権威に影響されないわけではない。むしろ，確証バイアスという呪縛によって自身の仮説に固執するということもある。それは天動説と地動説についての論争をみてもわかるであろう。地動説を唱える者が天動説を唱える者たちから迫害を受けたことは歴史上の事実である。科学者ですら権威に対して無批判に服従してし

まうことすらある。さらに科学者は先験的な信念をももちあわせている。しかし，科学の方法が他の3種の信念の固定方法と異なり，さらに真実に迫れるのは，科学がもつ独自の思考法によるのである。それは人類が長い時間をかけて開発してきた確実な知識獲得の思考法である。以下，それらの思考法の特徴のいくつかについてみていこう。

1.3 知識を得るための科学の方法──その思考法

まず科学者は，世界の出来事が何らかの規則に従っていると仮定する。つまり，世の中の出来事はデタラメに起こっているのではないという仮定である。そして，規則に従うがゆえに，物事の間に秩序が存在し，それらは予測可能であると考える。つまり，科学者は決定論と発見可能性の仮説をもっていることになる。決定論とは，出来事には原因があり，その原因は科学的方法によって明らかにされる（発見される）ということである。これは必ずしも完全に予測ができるということを意味しているわけではない。そうではなく，起こる出来事というのはランダムではなく，何らかの規則性をもって起こるということなのである。それゆえ，適切な科学的方法が採用されるなら，その規則性は知り得るはずであると考えることができる。

1.3.1 決定論的思考

では，決定論とはどのようなことだろうか。これは事前に（たとえば神によって）全てのことが決定されているという，予定調和的な決定のことではない。そうではなく，伝統的な決定論の概念は，全ての出来事には原因があるとしている。哲学者の中には厳密な決定論の立場に立脚して，宇宙における因果構造は原理的には全ての出来事を100％の確率で予測できるはずだと主張する者もいる。しかし，20世紀の物理学の影響を受けた者は（量子力学の影響によって），確率的決定論もしくは統計的決定論という，比較的ゆるい決定論的見解を表明している。これは，いろいろな出来事は偶然以上の確率で予測可能であるという意味での決定論である。

1.3.2 客観的思考

　科学的思考の特徴の一つが客観性である。客観性とは何らかの現象を信頼ができるほどに反復して観察できるような思考態度である。もちろんこのこと自体が知識の確実性を保証するものではないが，主観を離れたところで研究を行うことで同一の現象が観察されれば，その現象の確実性は増加していく。もちろん，その研究が反復されるためには，何がどのように行われたのかに関する手続きが具体的に明らかにされなくてはならない。科学研究における方法の重要性がここにある。ゆえに，科学論文では実際に再現実験ができるほどの詳細さを「方法」の箇所で要求する。心理学が，知識獲得の健全さ，信用できるデータの取得方法を重要視するゆえんである。

　ここで注意しなくてはならないのは，客観性というのは対象そのものの客観性をいっているのではないということである。それは同じアプローチを採用した他の（複数の）研究者がやってみて同じ結果を得るということ以上のことを意味しない。

1.3.3 データに基づく思考

　人間行動に関する何らかの心理学的命題，たとえば「パーソナリティを構成する特性は5つである」という命題が正しいかどうかを決定するためには，その命題を支持する証拠，つまり行動データや意識や態度に関する客観的なデータが必要である。このようなこころの現象や働きを明らかにするために，心理学的な命題が提出されると，心理学者はそれを証明するために，さまざまな方法を工夫してきた。パーソナリティに関する特性であれば，その特性を探るためにそれらの特性を表す行動や態度，感情などの用語を集め，それらを質問の形にして，それらがどの程度人々の間に保持されているのかに関するデータを収集するであろう。その後，そのデータを統計的に分析して，パーソナリティの因子を見出していくであろう。

　また「短期記憶の容量は小さい」という命題を実証しようとすれば，実際に短期記憶の容量を測定する実験を行い，そこで実際に数字や文字，単語などを実験参加者に呈示し，その個数の関数としての再生量を測定するであろう。す

なわち，数字や文字や単語を刺激（独立変数）として統制して呈示し，再生数（従属変数）を測定する。この実験では，さらに刺激の呈示時間，刺激の複雑さ，刺激呈示から再生までの時間などが統制すべき変数になる。

このように心理学は命題を支える事実を求めていく。本書はそのような事実を得るための，心理学における科学的方法の実践を学ぶために用意されたものである。

1.3.4 実証主義的思考

以上みてきたように，科学的心理学は経験的事実に基づいて理論や仮説，命題を検証するという，他の諸科学と同様の認識をもつ学問である。この立場に関して，心理学では物理学のようには体系的な知識構造を求めることはできない。それは，人間がきわめて複雑な対象であり，統一的な理論によって説明するというよりも個々の能力や特性の解明や理論化に方向づけられる傾向にあるからである。

しかし，そのような傾向は，心理学が科学的ではないということを意味しない。すでに述べてきたように，個々の能力や特性の解明において，心理学は相応の科学的方法を工夫し，それなりの科学的知識を蓄積しつつある。それは心理学が解明しようとする人間行動の多様性を示すものでもある。

1.4 心理学における科学的方法

では，具体的に心理学はどのような方法を開発してきたのであろうか。詳細は心理学研究法のテキストに譲るとして，ここではそれらを概観することにしよう。以下では，本書が取り上げる研究方法を実験的研究と非実験的研究に分けて説明しよう。心理学における研究法に関しては参考図書をあげたのでそちらを参照してほしい。

1.4.1 実験的研究とはなにか

実験とは2つの変数間に因果関係があるかどうかという疑問に答えるように

計画されるような種類の研究方法である。独立変数（刺激）における変化が従属変数（行動）の変化を引き起こすかどうかを観察するのである。この実験的研究には2つの基本的特徴がある。1つ目の特徴は研究者が独立変数の水準を系統的に操作するということである。そして独立変数の異なった水準が条件とよばれる。2つ目の基本は，研究者が仮定する独立変数や従属変数以外の可変性が，それらの変数に入り込まないように最小限に抑制する工夫を施すということである。実験に入り込んでしまう，用意された変数以外の変数は剰余変数とよばれる。たとえば，具体名詞が抽象名詞よりも覚えやすいという仮説を実験で検討するとしよう。そこで大学の授業で実験参加者を募集したとする。実験参加者が40名集まったので，参加希望を出してくれた順番に，最初の20名を具体名詞条件，その後にエントリーしてくれた人20名を抽象名詞条件に割り当てた。結果は，具体名詞条件で記憶成績が優れているというものであった。単語の名詞以外は条件が一定になるよう，同じ部屋，同じ単語数，同じ呈示時間が採用された。実験参加者の男女も両条件で同数であった。では，この実験結果から，仮説は支持されたといえるだろうか。

　ここで，この結果をもたらした研究者が仮定していなかった変数（剰余変数）がこの実験に入り込んでいないかどうか，考えてみてほしい。この架空の実験では応募した最初の20名を具体名詞条件，21番目以降に応募した20名が抽象名詞条件に割り当てられた。この場合，もしかしたら，この両条件への実験参加者の振り分けに問題があったのかもしれないのである。つまり，最初の20名は実験への参加意欲が高く，この人たちが具体名詞条件に割り当てられ，一方で，抽象名詞条件における実験参加者は，実験参加にあまり積極的ではなく，動機づけが低かったかもしれない。つまり，実験参加への動機づけが記憶成績に影響した可能性がある。このような場合，実験者は2つの条件にランダムに配置する必要があった。つまり，動機づけが平均しておおよそ等しくなるような工夫をしておけば，結果は動機づけによる説明を排除できて，まさに名詞のもつ抽象度が成績に影響したと結論づけられるのである。

　このように研究者は変数を操作し，実験を統制するのである。これが実験方法の基本である。

1.4.2 内的妥当性と外的妥当性

1. 内的妥当性

　実験において剰余変数がきちんと統制され，独立変数が系統的に操作されて，その操作によって従属変数に系統的な変化が観察されたとしよう。この場合，研究者は操作された変数と得られた従属変数の間に因果関係を仮定することができる。つまり，実験操作された独立変数によって従属変数における変化が観察された場合，高い**内的妥当性**が存在するといえる。

2. 外的妥当性

　実験にともなう考慮すべきもう一つの妥当性が**外的妥当性**である。これは何らかの研究を実施する場合に，研究者がその結果を実験室という制限を越えて一般化したいと願うときに直面する問題である。たとえば視覚的感覚記憶の実験では 1/20 秒という短い時間だけ文字刺激を呈示し，報告できる文字数を測定した。その結果，平均で 4.5 文字を報告できることがわかった。さらに部分報告法を使用すると，文字呈示の終了からきわめて短い時間の経過では，多くの情報が利用可能であることがわかった。つまり，刺激呈示の直後では比較的未処理の多くの情報が感覚記憶に保存されると理論化された。このこと自体の研究は学問的にはなかなか興味深いが，現実に，この研究が行ったような短時間の刺激呈示と同様の条件で私たちが日常的に生活するようなことがあるだろうか。ある研究者は，それはちょうど暗闇で稲妻が走ったときに，何を見たかを問うようなものだと揶揄した。つまり，この視覚的感覚記憶の研究は記憶理論の構築には重要な役割を果たしたものの，現実にはほとんど経験されるような事態ではない。つまり，外的妥当性という観点からは，妥当性が低い研究ということになる。このように，心理学上重要な研究が必ずしも外的妥当性の高い研究とは限らないのである。

3. 剰余変数の統制

　すでに 1.4.1 で記したように，実験には研究者が仮定する独立変数（名詞の抽象度）以外の変数からの影響が結果に及ぶことが多々ある。先ほどの例では，具体名詞のほうが良い再生成績につながるという結果が，実は実験参加者の実験参加への動機づけの強さが反映した結果であるというような事態が，剰余変

数の影響である。このような剰余変数の影響を抑制することは，独立変数の真の影響を明らかにするため（つまり，研究結果の健全な結論づけをするため）に重要な課題である。

　では剰余変数はどのように統制されるのだろうか？　一つの方法は剰余変数の影響を一定に保つ工夫である。もう一つの方法は，条件へのランダムな割り当てを行うことである。前者の方法は，実験参加者の動機づけの強度を可能な限り等しく具体名詞，抽象名詞条件に配置する方法であり，後者の方法は実験参加者の数を増やして，動機づけに関してはそれが高い人も低い人も両条件に，ランダムに配置されるようにするものである。この後者の方法では，最終的に動機づけの強度が平均して両条件で相殺されるということを目指すものである。

1.4.3　非実験的研究とはなにか

　非実験的研究というのは，実験的研究が行うような独立変数の操作，各条件への実験参加者のランダムの割り当て，条件の順序への配慮が行われない一群の研究の名称である。実験的研究が特定的な仮説のもとに，独立変数と従属変数の間に強い因果性を仮定して実験を行うのに対して，非実験的研究はそのような変数間の強い関係を明らかにすることを求めない。

　では，非実験的研究にはどのようなタイプの研究があるのかをみてみよう。

　1つ目は単一の変数研究である。この研究では2つの変数間の統計的関係を明らかにすることは狙っていない。たとえば，ロフタスとピクレル（Loftus & Pickrell, 1995）の研究では，児童期の経験に関するフォルスメモリー（誤った記憶）が容易につくれるのかどうかを実験的に検討した。しかしこの研究では，現実には経験したことのない児童期の記憶を，経験した出来事として記憶してしまうかどうかということが問われた。つまり，変数はそういう経験していない出来事が記憶されるかどうかということだけである。結果は，それを支持するものであった（実験参加者の約25％が経験していない出来事を経験したとして，誤った記憶を想起した）。この研究結果自体は興味深いものの，変数間の因果関係は明らかにできない。これが非実験的研究とよばれるゆえんである。

　2つ目は相関的研究とよばれるものである。相関的研究では剰余変数をほと

んどもしくはまったく統制したりせずに，2つ（もしくはそれ以上）の変数間の関係を調べようとする。

3つ目は疑似実験的研究である。このタイプの研究では，独立変数は操作されるものの，実験参加者の用意された条件へのランダムな割り当てが行われないという点が特徴的である。

4つ目は質的研究である。この研究では，上で説明した3つの研究が量的な情報を扱い，統計的な分析を行って結論を得るのに対して，得られたデータが質的であり，いわゆる統計的操作によって分析されないという性質をもつ。上の3つが法則定立的な知識を追求する研究であるのに対して，質的研究は行動の因果性よりも，経験の意味を問うような個性記述的研究において使用される。インタビューや自由記述，自然観察などの技法が使用される。

1.5　心理学研究において研究者が遵守すべき倫理

研究を計画し，実施するには考慮すべきさまざまな倫理問題が関係する。心理学がかかわる倫理に関しては日本心理学会が倫理規程を策定し，小冊子にまとめられている（日本心理学会倫理委員会，2009；ウェブでも参照可）。ここでは研究の際に研究者が考慮すべき倫理のエッセンスを日本心理学会の規程集を参考に説明する。

1.5.1　社会に対する責任と義務

研究は社会の諸問題の解決につながるようなものを考慮して行われるべきである。また，誤った情報を提供したり，過度な結果の一般化を行って，人心を迷わせたりしてはいけない。これはもちろん，全ての研究が社会の問題解決を目指さなくてはならないということではない。基礎研究には直接社会とは関わらない研究が数多く存在する。しかし，そのような研究であっても，後に社会と関連する研究に貢献することは十二分に考えられるのである。ただ，できる限り社会への配慮はするべきであろう。そういう視点を意識するだけでも研究の社会的意義が配慮されるようになるだろう。

1.5.2　個人に対する責任と義務

　心理学は研究を行う際，実験に参加してくれる人を募らなくてはならない。つまり，研究の対象となる人々がいるということである。研究はこれらの人の人権を尊重し，それらの人，家族，社会，地域に不利益をもたらすことのないように配慮されなくてはならない。当然のことながら，研究者はインフォームドコンセントを重要視して，研究に関する情報を実験参加者に提供してその理解を求めなくてはならない。これは研究の開始から終了まで維持されなくてはならない。心理学は人間を研究対象とする場合が多いが，対象が動物の場合であっても，生命に対する尊厳を維持し，彼らの福祉に寄与するような対応が求められる。

1.5.3　学問に対する責任と義務

　学問の発展のために，そして社会への知識の還元のためにも，心理学は真実を追求し，研究のオリジナリティや社会的な貢献をも追求すべきである。研究者は科学的知識の追求者であり，人類共通の知識を蓄積し，最終的にはよりよい社会の構築を目指すこころがけが必要である。そのためには研究，教育，社会的活動の実践において専門性を研鑽し，他領域の研究にも目を配り，そういう領域で活躍する人々とも協力して，責任を全うする必要がある。

　以上は倫理を考えるうえでの基本的な原則である。それぞれの責任と義務に関しては詳細な具体的倫理的対応が，規程集に示されているので，実習生は必ず規程集を熟読し，心理学がどのような倫理について配慮すべきかを理解してほしい。それはまた心理学を深く理解することにも役立つはずである。

1.6　まとめ

　以上，心理学の発展から研究法に至るまでを手短に概観した。本章では，心理学が人間行動やこころの働きに関する科学であるということ，そしてそれらの科学的知識がどのように得られるのかを，少々原理的な視点を交えながら説

明した。読者におかれては，具体的な方法等に関して本書の各章で学習をすすめていただきたい。

●参 考 図 書

高野 陽太郎・岡 隆（編）（2017）．心理学研究法［補訂版］──心を見つめる科学のまなざし── 有斐閣
　心理学が採用する研究法の原理および具体的な研究法について，詳細で丁寧な解説がなされている。

梅本 堯夫・大山 正（編著）（1994）．心理学史への招待──現代心理学の背景──サイエンス社
　心理学の起源や心理学形成の過程，心理学誕生以降の流れが代表的な領域ごとに詳述されている。選ばれたトピックにやや偏りがあるものの，一読の価値がある。

Wertheimer, M. (2012). *A brief history of psychology* (5th ed.). New York, NY: Psychology Press.
　ギリシャ哲学から始まる心理学の形成の軌跡を丁寧に説明している。また心理学が形成されて以降の説明も適切になされている。

論文・実験レポートの書き方

　心理学の研究の中にはどんな作業が含まれるだろうか。実験の計画，準備，実施，分析をすることでさまざまな事実を明らかにするといったことが考えられるだろう。しかし，研究はそこで終わらず，その内容を報告・発表することも必須である。これは授業の場合であっても同じである。本章では，心理学実験を実施したときに，論文・レポートとして具体的にどのような内容を報告することが求められるのかについて述べる。

2.1 なぜ論文・レポートを書くのか

　心理学の研究を実施したら，その内容を広く知らせるために論文を書き，学会で報告したり，場合によってはメディアを通じて発表したりする。これにはいくつかの理由がある。

　まずは，目的となっているテーマについて成果があったことを知らせるためである。1.5 でも述べられているように，研究者には，実施した研究成果を社会，個人，学問に還元する責任と義務がある。そうすることによって，社会的な問題の解決策や，心理的な問題の改善方法が発見され，その恩恵を受ける人が多く出るだろう。このことはさらにその分野の発展や改善に寄与する。2 つ目に，その成果が科学的に正しいか，他に検討の余地はないのかなど，他の専門家などに精査してもらうという理由もある。

　とくに 2 つ目のことについてみていく場合，どういったことがわかったのかだけでなく，どのように実施した研究からその事実を得たのかということも明らかにし，別の研究者によって再確認する作業が必要である（コラム 2.1 も参照）。そのために成果を発表した研究者は，その実施方法についても明らかにしておく必要がある。これは授業であっても同様で，心理学実験を実施した際には，その報告をする，つまりレポートを書くことも必要となる。本章では，心理学実験を実施したときに，どのようにレポートを書けばよいのか，どういった点に注意すればよいのかについて説明する。

2.2 論文の種類と構成

　心理学実験のレポートは，自身が実施した実験を報告すればよい。しかし，実際に書く必要が出てきたときに，いきなり完璧なものが書ける人はいないだろう。レポートに限らず文書を書く際には，少なくともその文書を誰が読むのかを意識するとともに，どういったルールのもとに，何をどのように書かなくてはいけないのかを把握しておく必要がある。とくに後者の問題については，テーマに関連した論文を読んでそれを理解するのが一番早いだろう。心理学実

2.2 論文の種類と構成

表 2.1　**心理学における論文の種類**

原著論文（original research）
　著者自身が実施し，それまでに未発表の研究成果を報告したもの。心理学では実験や調査を実施し，その内容を目的・方法・結果・考察といった共通の形式でまとめたものが多い。より厳密には，その中でも独創性や新規性の高いものを原著論文とよぶ。その他，独創性・新規性が高くなくても，報告する意義のあるものや速報性のあるもの，資料的価値の高いものもあり，それらは研究報告，短報，資料などとよばれる。

事例論文（case report）
　著者自身が実施し，それまでに未発表の研究成果の中でも，単一ないし少数を対象にした研究について報告したもの。心理学ではたとえば，カウンセラーが特定のクライアントを対象に，面接や検査，クライアントの生活に関連する情報を総合して，対象の主訴に対する解決や経過を議論するものがある。

総説論文（review）
　特定領域のそれまでの研究を網羅的に紹介し，その問題点を指摘したり，研究領域の今後の指針を述べたりするもの。また，研究成果をまとめたうえで新たな理論・モデルを提案したりするものもある。展望論文（perspective）といわれることもある。

その他
　上記のような種類の他に，特定の論文に対し，別の研究者が短いコメントをする論文，それに対して元の論文の著者が返答をする論文，特定のテーマについて広く学界に向けて意見を述べたり，解説をしたりするような論文，書籍に対する批評をまとめた論文なども存在する。

験のレポートは基本的に学術論文の形式に従うので，その論文を読むのが一番勉強になる。心理学の学術論文にはいくつかの種類があるが，その形式は少しずつ異なる（**表 2.1**）。

　心理学実験を実施して論文・レポートを書く場合，多くは原著論文の形式に基づく。原著論文は基本的に以下のような構成で書かれる。

- **要約**：論文全体の概要を 400 字程度（英語だと 150 語程度）でまとめた箇所。
- **序論（目的）**：研究の背景の説明，問題点の指摘，論文で報告される研究の目的，実験に対する予測などを説明する箇所。
- **方法**：研究の対象や用いられた器具・刺激，どういった手続きで研究が行われたのかを説明する箇所。
- **結果**：方法に書かれた内容に基づいて取得したデータに対して，どのような分析を実施し，どのような結果が得られたかについて説明する箇所。

- **考察**：結果で示された内容について，序論で述べられた目的に基づいて議論する箇所。
- **引用文献**：論文・レポートを執筆する際に，引用した文献の一覧を示す箇所。

それぞれの箇所でどういったことを書くのかについてはこのあと説明していくが，まず，論文・レポートを書く前に確認しておきたい，文献の調べ方と，文章の書き方の基本について述べる。

2.3　文献を調べる

　心理学実験の論文やレポートを書き始めるのは，どのようなタイミングだろうか。実験を実施し，そのデータをまとめた時点だと思う人もいるだろう。授業で執筆するレポートであれば，それでも大きな問題はないかもしれない。しかし，実際の研究では，実験の実施前に該当するテーマに関して調べ，研究の背景や，それまでに明らかになっていること，まだ明らかにされていないこと，それまでの研究の問題点などをまとめておかなければ，論文を書くどころか，実験（研究）そのものを始めることができない（第1章も参照）。授業のレポートであっても，実験を実施する前にそのテーマについて十分に理解し，独立変数の設定を考えたり，結果の予測が立てられたりできるとよいだろう。

　そこで，研究テーマに関連した文献を調べることとなる。ここでいう文献とは，主に学術書と学術論文ということになる。研究の背景や，領域の大まかな理解をする際には教科書を含む学術書が読みやすい。教科書は，その領域における重要な研究や，理論・モデルの概要が紹介されており，初学者にも理解しやすいだろう。その一方で，分量の都合から各研究が実際にどのように行われているのかについてや，理論・モデルの詳細は省かれていることも多い。そのため，より詳細な内容を知るためには論文を読む必要がある。一つひとつの研究は原著論文としてまとめられていることが多く，理論・モデルについては総説論文や意見論文にまとめられていることが多い。レポートの導入部分や概念の定義については教科書などの学術書から理解し，報告する実験に直接関連す

るような内容については論文を読んでいくことによって把握できるだろう。

それでは自分が読む（読まなければいけない）文献はどのように探せばよいだろうか。学術書でも論文でも，まずはテーマそのものとなっているキーワードを検索することを思い浮かべるかもしれない。昨今ではそれも間違いではないが，学術書と学術論文では，少しずつ方法やキーワードが異なってくる。

2.3.1 学術書を探す

心理学実験のレポートを書くことを想定するならば，GoogleやYahoo!のような一般的によく用いられる検索サイトで検索するよりも，書店や，大学の図書館，国会図書館を含む公立の大規模な図書館のサイトで探すほうがみつけやすいだろう。このとき検索できるのは書名であることが多いため，実験のテーマそのもの，たとえば，「ミュラー・リヤーの錯視」よりも，「錯視」のように少し範囲を広げたり，そのテーマを包含する領域（錯視ならば「知覚／心理学」や「視覚／心理学」など）を検索ワードとするほうがよいだろう。そして候補となる本が複数あがったら，実際に本を手にとって一とおり目を通す。時間的余裕や金銭的余裕を考慮すれば，そこから適切なものを選ぶことになるかもしれない。選ぶ際の基準としては，なるべく網羅的なもの，出版年が新しいものといったこともあるが，章末や巻末に引用文献が明示されているかどうかを必ず確認してほしい。文献が明示されていれば，その本で紹介されている研究について，さらに別の論文を読むための手がかりとなり，論文の検索に役立つのである。

2.3.2 論文を探す

学術書に比べると論文はより詳しい内容が書かれていることが多い。先に述べたように論文にはいくつかの種類があるが，多くは学術雑誌という小冊子にまとめて掲載されている。学術雑誌は一般の書店や公立図書館に置かれていることはあまりない。したがって，大学の図書館で探すこととなる。大学図書館のサイトで検索する場合には，一つひとつの論文のタイトルやキーワードで検索しても，読みたい論文に当たることは少ない。そこで，学術書の引用文献欄

でみつけた読みたいと思う論文が掲載されている学術雑誌の名前（たとえば「*Journal of Experimental Psychology: General*」「心理学研究」といったものがあげられる）を検索する。それが見つかれば，読みたい論文が掲載されている巻号やページを確認して，大学図書館で実物を見ることができる。

　また，大学図書館以外にも，学術論文専用の検索エンジンやサイトを利用するのもよい。論文の検索エンジンで誰でも利用可能なものとして Google Scholar（https://scholar.google.co.jp/）がある。これは，通常の検索エンジンと同様に，著者名やキーワード，雑誌名，論文タイトルなどを入力すれば関連する検索結果が表示される。また，有料のものとしては Web of Science（http://webofknowledge.com/）もある。これは大学などの研究機関が契約をしていれば，その機関内からは検索可能といった形式がとられている。このほかにも学術雑誌を出版している出版社（心理学ではたとえば，Sage, Springer, Elsevier, John Wiley & Sons が有名で，雑誌の種類も豊富である）のサイトでも，その出版社が発行している学術雑誌の検索が可能である（ただし有料のものもある）。また，最近では読者が購読料を支払わなくても無料で論文を読むことができる（論文を発表したい研究者が出版料を支払っている）オープンアクセス形式の学術雑誌も増えてきている。心理学では，*PLOS ONE* や *Frontiers in Psychology* といったものが有名である。日本語の論文を検索する場合には，独立行政法人科学技術振興機構が運営する J-STAGE（https://www.jstage.jst.go.jp/）や，国立情報学研究所が運営する CiNii（https://ci.nii.ac.jp/）といったサイトを利用するとよい。

　論文を探すときに，読みたい論文が決まっている場合には，論文のタイトルなどで該当するものを探せばよい。しかし，読むべき論文があるかどうか探してみるという場合には，適切な検索ワードをみつけるのが難しいと感じることもある。論文の始めにある要約には，その論文のキーワードが記載されている場合もあるのでそれが手がかりとなるだろう。効率よく論文を検索できるようになるためには，論文を多く探し，読み，どういった論文ならどういった検索ワードやサイトを利用するとよいかを経験的に知ることが必要といえる。

　また，多くの場合はまず日本語で学術書，学術論文を検索するだろうが，そ

れに加えてぜひ英語の文献を探して読む癖をつけてほしい。日本語でも研究は発表されているが，相対的に研究者も読者も少ないため，分野全体が十分に網羅されているとはいい難い。そのため，特定のテーマの最新事情を知るためには英語論文を読むことが必須となる。最初のうちは1本の論文を読むのに想像以上の時間がかかるかもしれない。しかし，この後に示していくように，心理学の論文は形式が決められているので，その形式に慣れれば比較的容易に読めるようになるだろう。

2.4 文章の書き方の基本

　心理学実験のレポートを書く際，文章の書き方の作法がいくつか存在する。ここではとくに基本と考えられる3つを示す。

　まず，文章の末尾は「だ」「である」といった終わり方をするというものである。「だ」「である」という文体は常体とよばれるもので，「です」「ます」とする敬体と区別される。論文やレポートでは基本的に常体で書くことが求められる。これに関連して，レポートは話し言葉（口語体）ではなく，書き言葉（文語体）で書く必要があることも注意してほしい。「でも」「〜じゃなく」といったような表現ではなく，「しかし」「〜ではなく」といったように書く必要がある。本書もおおむね常体の文語体で書かれているので，それがどういった表現なのか意識して読んでほしい。

　2つ目は時制である。心理学実験の論文・レポートは基本的には過去形で書く。これは論文・レポートを執筆するのは実験を実施した後であったり，本文で引用する文献はレポート執筆よりも前に書かれているものであったりするからである。しかし，例外が多く存在するために，初めてレポートを書く人は戸惑いやすい。たとえば，考察の部分では，結果を踏まえて，書いている時点での筆者の考えを述べる箇所であるために現在形で書く必要がある。また，論文によっては，研究の目的を現在形で書く研究者もいる。全てに厳密な決まりがあるわけではないが，そのときに書く文が，書く時点よりも過去のことを指しているのか，あるいは現在の状態を指しているのかは常に意識しておく必要が

ある。

　3つ目は「パラグラフ・ライティング」という考え方である。パラグラフとは段落のことを指す。作文を書く際に，内容が変わるときには段落を替えると習ったことがあるかもしれない。これ自体に間違いはないが，パラグラフ・ライティングでは段落はそれ以上の意味をもつ。

　まず，1つの段落では1つの内容（トピック）のみを取り上げるという前提がある。そのうえで，段落の最初の文では，その段落で取り上げる内容，伝えたい内容を宣言する。したがって，この文を「トピック・センテンス」ともよぶ。それに続く文章は，そのトピックを詳しく説明したり，具体例を示したりする内容が続く。そして段落の最後では，その段落のまとめをする。

　そうすることによって，パラグラフは論文・レポートのパーツであると考えることができる。パーツを適切につなげていくことによって，1つの論文・レポートが出来上がるといったイメージである。論文・レポートの読み手の立場に立った場合，トピック・センテンスを読んでいけば，その大まかな内容はつかめるということになる。もし，トピック・センテンスを読んで内容が理解しにくいと感じた場合は，その論文・レポートはあまり良いものとはいえない。論文・レポートを書いたときには，一度書き上げた後にトピック・センテンスを読んでみてほしい。何か変だ，読みにくいと思ったら段落（パーツ）ごとで入れ替えたり，パーツの中身を調整したりして，読みやすい流れをつくってみてほしい。

2.5　レポートを書く

　文献を読んで準備をし，文章の書き方の基本を押さえたところで，そろそろ実際にレポートを書き始めることにしよう。レポートは論文と同様に要約，序論，方法，結果，考察，引用文献という構成になっており，ここでもその流れに沿ってそれぞれの箇所で書くべき内容について説明していく。ここで，構成の順番には決まりはあるが，実際に文字にしていく順番に決まりはないということを知っておくとよい。序論は実験の実施前や実施している時点で書けるも

のでもあるが，自身のモチベーションが上がらない場合には，すでに実施した事実を書き連ねていく方法や結果のほうが書きやすいかもしれない。序論についても，目的は明確でも，そこに至るまでの背景に何を取り上げ，どう説明すればよいかを取捨選択するなど，書きながら次々と変更することも多い。いきなり「清書」をしようと考えるのではなく，文章のアウトラインを考え，パーツを入れ替えつつ組み上げていくイメージで書き進めていってほしい。

2.5.1 要約

先にも述べたように，要約は，論文やレポート全体の概要を400字程度（英語だと150語程度）でまとめた箇所である。心理学実験の授業レポートでは書式によって省略されることもあるかもしれない。基本的にはレポート全体の構成と同じように序論，方法，結果，考察のそれぞれを1〜2文ずつで説明していくことが多い。読み手からすると，最初に目にし，読むべき論文かどうかを判断するために重要な部分である。書き手からすると，内容を正確に保ちつつ，短い文にまとめることは容易ではない。全部を書き上げたうえで，どの情報を載せるかを吟味してから最後に書くほうがよいかもしれない。

2.5.2 序論（目的）

序論では，研究の背景，問題点などを述べたうえで，研究（実験）の目的を述べ，そこに関係すると考えられる人の心理メカニズムを踏まえた仮説や，独立変数の設定理由，具体的にどのような結果が得られるかの予測を述べる。

何をどのような順に述べていくかは課題にもよるが，取り上げる範囲の大きさを逆ピラミッドとしてイメージできるとよい。すなわち，最初は身近であったり，より一般的な広い話題から始めたりする。具体的には，取り上げるテーマの概要や，関連用語・現象の説明を，先行研究など文献を引用しながら説明する（引用の示し方については後述）。続いて範囲をやや狭め，今回の内容に直接関連するような研究を詳細に説明していく。そのうえで，その中でも問題点や不足している点に注目し，今回実施する課題や実験の目的や仮説を述べる。さらにそれを検証するための方法や，結果の予測を述べていくといったもので

ある（全体の流れについては田村，2010 も参照）。

　重要なのは，読み手にどの程度の知識があるのかを想定し，その知識量に合わせて説明していくことである。その領域の専門家だけが読むものであれば，テーマの概要や，関連用語・現象の説明はある程度省略できるかもしれない。しかし，読み手の知識量が予測できないのであれば，読み手は知識をほとんどもっていないという前提で詳しく書くべきである。

　上では，目的の後に仮説や結果の予測を書くと述べた。心理学実験の場合には，あらかじめこのような結果になるだろうという予測のもとに実験計画を立てて独立変数を設定することが多い。つまり，何かしらの前提のもとにその前提に一致するであろう事実を演繹的に積み重ねていこうというスタイルで研究している。このような研究スタイルを仮説検証型という。一方で，心理学の研究には，日常などで観察される事実を収集し，そこから何かしらの法則や仮説を帰納的に探る研究スタイルもある。このような研究スタイルは仮説探索型や仮説生成型という。仮説探索型の研究でも実験的手法が用いられることもある。そのような内容でレポートを書く際は，仮説は予想を含めある程度書けるかもしれないが，仮説検証型の研究よりも具体的な結果の予測は難しい。仮説や結果の予測を書く場合でも，その点に留意して書く必要がある。実施する内容がどちらのスタイルのものであるのか，きちんと考えて序論をまとめるようにしよう。

2.5.3　方　　法

　方法では，研究の対象や用いられた器具・刺激，どういった手続きで研究が行われたのかについて説明する。実施した内容を別の人が同じようにもう一度実施できるくらい詳細に書くことが求められる。科学的研究の基本として，仮説は実験などによって反証されうるものでなければならないという前提がある（これを反証可能性という）。もしその仮説が反証されるような結果が実験で得られたとすれば，新たな発見として広まり，知識は更新されていく。しかし，研究者の意図の有無にかかわらず正しくない実験によって得られた結果であれば，それは反証の材料とはならない。つまり，実施された実験そのものが正し

2.5 レポートを書く

かったかどうかもまた検証の対象となっていく。そこで，論文やレポートを書く際には，それを読んだ別の人（研究者や学生）が同じ実験を実施できるくらい詳細に書くこと（再現可能性）が求められる（再現可能性についてはコラム2.1 も参照）。

以下に，多くの実験報告で必要となってくる情報について簡単に示す。

1. 実験参加者

どういった実験参加者が実験を受けたのかを述べる。ここには人数や男女比，年齢が書かれることが多い。このほかに，視覚に関する実験なら実験参加者の視力の情報を，学力がかかわるような実験では実験参加者の学習経験（学歴）といったように課題に関連する事柄を述べるようにする。

2. 実験計画

仮説検証型の実験であれば，独立変数と従属変数について具体的に述べる。また，とくに実験参加者間計画の場合には，独立変数に対して実験参加者をどのように割り当てたのかといったことについても述べる。

3. 材料・刺激・装置

実験で用いたものについて全て記載する。使用した物品が既製品であるのならメーカーや機種，型番を明示する。刺激を何かしらの基準で選定したのであれば，その基準を明示するとともに，刺激の一例なども示せるとよい。この欄で全ての刺激を載せることは難しいことが多いが，再現可能性のために論文・レポートの最後に付録として載せてもよい。最近では論文がオンラインで配信されることも多いため，刺激や実験プログラムもダウンロードすることが可能な場合もある。そのような先行研究で使用されていたものを流用したのであれば，その研究を引用文献として明示する必要がある。

4. 手続き

実験者が実験参加者に対して実施した実験の内容を詳細に述べる。ここでは課題の全体の進め方や教示，1試行の流れや実験参加者に求めた反応とその取得方法，試行の構成，剰余変数や交絡要因の統制方法を述べる。

手続きについては書く内容に加えて，書き方についても注意したいポイントがある。それは文章の主語を決めておくということである。実験では実験者の

立場と実験参加者の立場がある。なるべくならどちらかの立場に固定して説明を進めるほうが読みやすい。たとえば，実験者の立場で書くなら「実験者は実験参加者に対して○○をするよう求めた」「（実験者は）△△の合図のあとに，ディスプレイに単語を 500 ミリ秒呈示した」となる。一方，実験参加者の立場で書くなら「実験参加者は実験者から○○をするよう求められた」「実験参加者は△△の合図のあとに，ディスプレイに 500 ミリ秒間呈示された単語を観察した」となる。同じ文章の中で視点が頻繁に入れ替わると読みにくさの原因となるとともに，書き手自身も混乱してしまい一貫性のない文章となりやすいので注意が必要である。

2.5.4 結　　果

結果では，方法に書かれた内容に基づいて得られたデータに対して実施した分析とその結果について説明する。しかし，いきなり分析結果を書くのではなく，分析結果が出るまでの作業も順序だてて書いていく必要がある。多くの場合，収集した状態のデータ（これをローデータ（生のデータ）とよぶ）がそのまま結果となることは少なく，整理するのが普通である。たとえば，課題を十分に理解していなかった実験参加者や，機器の故障でデータがとれなかった実験参加者が出たりすることもある。その場合には，分析対象から外すこともあるため，その理由や人数を書く。また，一部のデータを何らかの基準に沿って外れ値として除去した場合にも，その方法や除去することの妥当性について述べる。

それに続いて記述統計の結果を示す。方法の実験計画で述べた独立変数に基づいて代表値（平均値が用いられることが多い）や散布度（標準偏差，標準誤差，信頼区間など）を図や表を用いて示すことが多い（図や表の作成については後述する）。記述統計の結果については，図表に示すだけでなく，本文中で，その図表が何を示すのかを説明する。また，その図表の結果の中で，目的に基づいてとくに注目すべき箇所については，具体的に触れておくとよい。

記述統計の結果に続いて推測統計の結果を示す。推測統計については多様な手法があり，最新の研究論文では状況も変化しているが，実験的研究では t 検

定や分散分析，多重比較といった帰無仮説有意性検定が用いられることが多い。ここでは①どういった分析を実施したのか，②その結果，有意な効果（差）がみられたのかどうか，③統計値を示し，④差があったのなら，どの条件の数値が大き（小さ）かったのかを述べる。

これらの検定では統計値として t 値や F 値，自由度，p 値といったものを示す。最近では条件間の差の大きさや変数間の関連性の強さを示す**効果量**（effect size）を記載することも推奨されている。なお，効果量については大久保・岡田（2012）に詳しい。

2.5.5 図　表

図表は文章だけでは伝わりにくい情報や，文章で示すと煩雑になる内容をまとめる際に有用である。これは結果に関する内容に限らず，方法で実験の流れを図示したり，刺激例を表にまとめたりするときにも用いられる。図と表はそれぞれ論文中で連番を振る。たとえば，1つのレポートで2つの図と1つの表がある場合は，それぞれ図1，図2，表1といった具合になる。

図の作成例として図 2.1 をみてほしい。とくに結果として平均値や散布度を含めるデータを示す場合には，次のようなルールがある。①図の説明（タイトル）は始めに図番号を示したうえで図の下に入れる。そこでは，図が何を示すのかとともに，数値（代表値や散布度など）が何を示すのかも説明する。②縦軸や横軸が何を示すのかラベルを付ける。③各軸が数値を示すものであれば，その単位を記載する。④横軸以外で説明される独立変数がある場合には凡例とラベルを付けてその説明をする。⑤最近ではカラーで図表を示す論文も増えているが，基本的には白黒で（場合によってはグレーも入れて）作成する。⑥余計な枠線や装飾は除く。

表の作成例を表 2.2 に示す。表の場合は，図よりも載せられる内容が多いために，柔軟に作成されるが，次のようなルールは共通である。①表のタイトルは表の上に置き，中央揃えとする。表が何を示すのかとともに，数値（代表値や散布度など）が何を示すのかも説明する。それ以外の説明があるときには，表の下に注を入れる。②罫線は横線のみを使用し，その使用も必要最小限とす

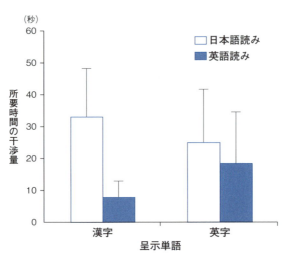

図 2.1 単語の種類と読み条件ごとの所要時間の干渉量
「ストループ効果」の平均値と標準偏差（$N = 25$）。

表 2.2 単語の種類と読み方ごとの干渉量（ストループ効果）の平均値と標準偏差（$N = 25$）

呈示単語	読み方	所要時間（秒）		誤答数（個）	
		M	SD	M	SD
漢字	日本語読み	33.12	15.14	1.40	3.19
	英語読み	7.80	5.14	0.32	1.68
英字	日本語読み	24.84	16.73	2.24	5.36
	英語読み	18.48	16.02	1.16	2.10

注）干渉量は色文字の色名読み上げ条件の読み上げ所要時間と誤答数から黒文字読み上げ条件の読み上げ所要時間と誤答数を引いて算出した。数値が大きいほど干渉量が大きいことを示す。

る。③数値を記載する場合には有効桁数を統一する。また，数値が0から1をとるような値（相関係数や確率）の場合には，1の位の0は省略する。④数値の単位はタイトルかラベルの後に記載する。

　図表は表計算ソフトなどを用いて作られることが多いが，最終的なレポート原稿に載せる際には，見た目が崩れることもある。紙に印刷して提出するような場合には，あらかじめ試し刷りをして崩れがないか確かめたり，色の濃さで

条件を区別している場合には識別できるか確認したりするようにする。

　レポートでは強く求められることは少ないかもしれないが，最近では，平均値などの要約統計量だけを示すだけでなく，ヒストグラムや散布図など，できるだけ個別のデータ分布がみられるような図表を呈示することが推奨されている（Tay, Parrigon, Huang, & LeBreton, 2016; Weissgerber, Milic, Winham, & Garovic, 2015）。最終的にレポートに載せることはなくても，実験後にはまずはヒストグラムや散布図を描き，どういった実験をするとどのようにデータが分布するのか把握することを習慣づけると，心理学実験，ひいては人の行動への理解がより深まるだろう。

2.5.6　考　　察

　考察では，結果で示された内容について，序論で述べた目的に基づいて議論する。何をどのような順で述べていくかは，序論とは逆にピラミッド型をイメージし，課題の具体的な内容から次第に広い内容を取り上げていくとよい。

　最初に，改めて研究の目的や結果のまとめについて簡単に述べることで状況を整理するとよい。続いて，実験の結果が，序論であらかじめ示した結果の予測と一致していたのか議論する。予測と一致していたのであれば，その背景に仮説として述べたようなメカニズムが関連する可能性が示唆できる。そして，結果に基づいて，仮説や理論・モデルを補強していく知見が得られたことについて議論していく。一方で，予測とは一致しない結果や，予想もしなかった結果が出てくることもある。そのような場合，1回の研究・実験だけで結論を得ることはできないが，単なる「失敗」であるとも断定できない。予測とは異なる結果のほうが「正しい」可能性もあるからである。予測と一致しない結果に対しては「試行数が少なかったから」「実験参加者が少なかったから」「実験参加者の疲労があったから」といった記述で議論を終わらせてしまいたいかもしれない。もちろんその可能性も排除できないが，得られた結果が正しいという可能性も考えてその意味を議論してほしい。

　考察の後半では，今回の結果が今後の実験や研究にどのようにつながるかや，別のテーマへの応用可能性を議論できるとよい。また，実験では検討しきれな

かった点や，改善点をあげて課題として示すこともある。そして最後に改めて，今回の実験が何を検討し，何を明らかにしたのか，そして主張できることはどのようなことであるのかという結論を述べて本文を終わらせるようにする。

　実験レポートを書くときに注意したいのが，考察は感想を書く場ではないということである。考察は結果に対する解釈や，それに基づいて人の心理メカニズムについて議論する箇所である。「〜と思った」「次は〜のようにしたい」といった個人的な考えを含意するような表現は用いてはいけない。自身の考えを示す場合にも，「〜といった可能性も考えられる」「〜であると示唆される」「〜ついても考慮する必要があるといえる」といったように，自身の考えを客観視できるような表現が推奨される。また，そのような考えを示す場合には，論理的にその考えを示唆できるような根拠や文献も引用できると，よりよい議論となるだろう。

2.5.7　引用文献

　実験を実施する際には，自分自身の考えだけで実験を計画したり，作成したりすることはほぼない。多くの場合は先行研究を参照して進められる。したがって，レポートには必ずそれらの文献を明示することとなる。文献を引用していることを明示する箇所は，本文中と考察のあとにある引用文献欄の2つである。心理学実験の論文・レポートにおける引用の示し方は，本書の刊行時点では日本心理学会が発行する『執筆・投稿の手びき（2015年改訂版）』と，アメリカ心理学会が発行する『APA論文作成マニュアル（第2版）[英語版では第6版]』が最新である。本書では，その中でも主要な部分を示すが，詳細を把握するためにはこれらの冊子・書籍も参照してほしい。

1. 本文中における引用の示し方

　本文中で引用を示すには，文献の著者の姓と文献の出版年を明示することを基本とする（表2.3）。具体的には文頭に置く場合と文末に置く場合がある。著者が1名ないし2名の場合には常に姓を記載する。3〜5名の場合には，初出時と2回目以降で異なり，初出時は全ての姓を記載するが，2回目以降は「他」や「et al.（ラテン語で「その他」を意味する語の省略形）」を用いて省

表 2.3　本文中における文献の引用例

著者が 1 名もしくは 2 名の場合（初出時も 2 回目以降も同じ）
　Lupyan & Dale（2016）は，世界中に異なる言語が存在する理由として，言語が学習・使用される物理的環境の違いが反映されたためであると論じている。……
　……心の理論（theory-of-mind）とは，他者の行動から，その人の意図や目的，心の状態などを推測し，帰属される機能を指す概念である（Baron-Cohen, 1995）。……

著者が 3 名以上 5 名以下の場合（初出時のみ）
　植月・渡邊・丸谷・佐藤（2017）は，文処理に関する実験における自己ペース読文法と実験者自己ペース読文法について論じている。……
　……言語処理の際にも運動野が活動することが示されており，言語野と運動野の関連性が指摘されている（Pulvermüller, Hauk, Nikulin, & Ilmoniemi, 2005）。……

著者が 3 名以上 5 名以下の場合（2 回目以降）
　……自己ペース読文法と実験者自己ペース読文法は PC など一般的な機器があれば実施可能である点が有効である（植月他, 2017）。……
　Pulvermüller et al.（2005）はこの問題を，経頭蓋磁気刺激法を用いて，言語処理中に言語野のある左半球の運動野に刺激を与えることで検討した。……

著者が 6 名以上の場合（初出時も 2 回目以降も同じ）
　津田他（2014）は，失語症患者も意味処理において状況関連性やカテゴリの関連性という基準を用いていることを示している。……

1 文の最後で複数の文献を引用する場合
　……言語理解によって構築される表象を状況モデル（situation model）とよぶ（井関, 2004; Kintsch, 1998; Zwaan, Magliano, & Graesser, 1995）。

原典の表現をそのまま引用する場合
　……従来の理論では，高次の認知は，外界の事物を代表する記号ないし多少とも永続的な表象を操作するという形で，もっぱら個人の頭の中で生じる，とされた。これに対して，本章では，認知過程が個人と外界との連続的な相互作用に基づく，と想定されている（波多野，2001, p.2）。

略する。6 名以上の場合には初出時から「他」や「et al.」を用いる。

　1 つの記述で複数の文献を引用する際には，各文献の第 1 著者の姓をアルファベット順に並べるようにする。また，翻訳書を引用する場合には，原著の著者名と出版年を明示した後に，訳者名と出版年を明示する。

　文献を引用する際には，一言一句書き写すような引用をすることは少なく，内容を正確に理解したうえで，執筆者自身が言い換えて表現することがほとんどである。もし，原典の表現をそのまま引用する必要性がある場合には引用符（「　」，" "）で囲んで本文と区別し，出版年のあとにページ数を明示する。

2. 引用文献欄における引用の示し方

　引用文献欄では，書籍，論文や日本語文献，英語文献を区別せず，第1著者の姓をアルファベット順に並べて記載する（表2.4）。論文は著者名，出版年，論文タイトル，雑誌名，巻数，論文開始ページ-論文終了ページの順で記

表2.4　引用文献欄での文献の示し方の一例

論　文

Lupyan, G., & Dale, R. (2016). Why are there different languages? The role of adaptation in linguistic diversity. *Trends in Cognitive Sciences, 20*, 649-660.

Pulvermüller, F., Hauk, O., Nikulin, V. V., & Ilmoniemi, R. J. (2005). Functional links between motor and language systems. *European Journal of Neuroscience, 21*, 793-797.

植月　美希・渡邉　淳司・丸谷　和史・佐藤　隆夫（2017）．文処理の時間特性をとらえる視覚的刺激提示方法とその評価　心理学評論, *60*, 181-201.

同一著者・同一刊行年

Barsalou, L. W. (1999a). Language comprehension: Archival memory or preparation for situated action? *Discourse Processes, 28*, 61-80.

Barsalou, L. W. (1999b). Perceptual symbol systems. *Behavioral and Brain Sciences, 22*, 577-660.

書籍（1冊を通じて著者が同じ場合）

Baron-Cohen, S. (1995). *Mindblindness: An essay on autism and theory of mind*. Cambridge, MA: MIT Press.

南風原　朝和（2002）．心理統計学の基礎──統合的理解のために──　有斐閣

書籍（特定章）

波多野　誼余夫（2001）．環境と認知システムの相互作用　乾　敏郎・安西　祐一郎（編）コミュニケーションと思考（pp.1-2）岩波書店

Knoblich, G., Butterfill, S., & Sebanz, N. (2011). Psychological research on joint action: Theory and data. In B. H. Ross (Ed.), *Psychology of learning and motivation*. Vol.54 (pp. 59-101). New York, NY: Academic Press.

書籍（翻訳書）

Rizzolatti, G., & Sinigaglia, C. (2006). *So quel che fai: Il cervello che agisce e i neuroni specchio*. Milano: Raffaello Cortina Editore.
　（リゾラッティ, G.・シニガリア, C.　柴田　裕之（訳）茂木　健一郎（監修）(2009). ミラーニューロン　紀伊國屋書店）

オンライン資料

文部科学省初等中等教育局特別支援教育課（2017）．平成28年度特別支援教育体制整備状況調査結果について　文部科学省　Retrieved from http://www.mext.go.jp/a_menu/shotou/tokubetu/material/__icsFiles/afieldfile/2017/04/07/1383567_02.pdf （平成30年9月30日）

載する。英語論文では，著者名は姓を先に書き，その後に名（ファーストネーム，ミドルネームの順）のイニシャルを書く。また，雑誌名と巻数をイタリック体（斜字体）とする。日本語論文では著者名は姓名の順でフルネームを書き，巻数をイタリック体とする。

全体が同じ著者（複数名の場合でも）によって書かれた書籍では著者名，出版年，書籍タイトル，初版以外は版数，（英語文献の場合は）出版地，出版社名を書く。英語文献では，書籍タイトルはイタリック体とする。一方，各章が別の著者によって書かれた書籍から特定章を引用する場合は，章の著者，出版年，章のタイトル，編集者名，書籍タイトル，章のページ，（英語文献の場合は）出版地，出版社名の順で書く。

3. オンライン上にある情報の引用について

先に述べたように，最近では文献もオンライン上で検索し，閲覧することも多い。しかし，それらの引用についてはいくつかの注意も必要である。まず，オンライン上でみつけた学術雑誌の論文を引用するのであれば，上に示したように論文の引用の仕方を適用する。

それ以外にもオンライン上でしか閲覧できない情報もあるので，それらを引用する場合には，著者名，公開年，タイトル，ウェブサイト名，アドレス，閲覧年月日を記載する。注意したいのは，引用に必要な情報がわからない場合には，引用に値する情報ではない可能性が高いという点である。官公庁や公共性の高い機関が示すものには引用に必要な情報はおおむね明示されているか確認ができることが多い。一方で，ニュースサイトや個人サイト，ソーシャルネットワークなどにある情報は，内容の変更も多く，正確性も玉石混淆である。とくに速報性や話題性が高いものは，たとえ報道機関の情報であっても必ずしも正確性が高くないのは体感している人も多いだろう。必要な情報が満たされている場合でも，内容の変更も多くみられるので（それ自体はウェブのメリットではあるが），常に最新の情報を確認し，引用も慎重に行いたい。

2.6 レポートが完成したと思ったら

　レポートの各セクションを書き終えたら，ようやく提出の目処が立ってきたといえる。しかし，書き終わってすぐには提出しないでほしい。どれだけ丁寧に注意深く書いたものでも，書き上げた直後は何かしらの誤りや不自然な表現が含まれているものである。提出する前に必ず読み返し，必要な情報が全て記載されているかどうかや，誤字・脱字，主語述語の対応などを確認するようにしよう。可能であれば，誰かに読んでもらうのが理想である。自分だけでは気づかないミスや，自分では理解しているつもりでも他人が読むとよくわからないような箇所を指摘してもらえるかもしれない。人に見てもらう余裕がなくても，書き上げたら半日ないし1日くらいそのレポートを「寝かせて」からもう一度読むと，前には気づかなかった点に気づくだろう。そのためにも，締切りまでにどうにか書ければよいといって意気込みだけですすめるのではなく，時間に余裕をもって執筆するようにしてほしい。

● 参 考 図 書

日本心理学会機関誌等編集委員会（編）(2015)．執筆・投稿の手びき［2015年改訂版］　金子書房
　日本心理学会発行の学術雑誌「心理学研究」へ論文を投稿する際の手びきである。本章の内容はおおむねこの手びきに従っているが，ここにより詳細な説明がある。日本心理学会のホームページから無料で入手可能なので，ダウンロードして適宜参照するとよい。

板口 典弘・山本 健太郎（2017）．心理学レポート・論文の書き方――演習課題から卒論まで――　講談社
　心理学のレポート・論文ではどういったことを書くべきなのか，詳細に説明されている。内容を改善したり，良い文章を書いたりするにはどうすればよいかといったことも解説されている。

木下 是雄（1981）．理科系の作文技術　中央公論新社
　心理学に限定されるものではないが，論理的な文章を書くために必要なポイントがまとめられている。

コラム 2.1　実験の再現性と追試

1. 研究の再現性

　心理学における実験的検討は科学的方法を基盤として実施される（1.2 も参照）。ここでいう科学的方法の考え方の中には，対象とする行動を指標（定量）化するといったことや，とくに心理学の場合は，それぞれの行動にばらつきがあっても統計的手法を取り入れることで，関連性や差異を推測的に一般化するといったことも含まれる。しかし，その中でも最も重要なことは示された研究知見が再現されうるということである。つまり，同じ条件で同じ研究を実施（これを追試という）したときに，（たとえデータにばらつきがあったとしても，全体としては）同じ結果が得られなければ，科学的に有用な知見だとはいえないのである。

2. 再現性の危機

　2015 年に，有名な心理学の学術雑誌に掲載された論文にある実験 100 個を選び，追試した結果をまとめた論文が Science 誌から発表された（Open Science Collaboration, 2015）。この論文では，追試の結果がもとの論文に記載された結果と同じ方向性で統計的に有意な結果となった（つまり追試に成功した）のは全体の 36%であったことが示された。これは，信頼があるように思える有名な学術雑誌に掲載されている論文であっても，十分に信頼性のある結果（知見）ではないかもしれないという危険性をはらんでいることを示している。このような問題は**再現性の危機**（replication crisis）とよばれ，最近の重要なトピックとなっている。

　もし，実験の結果が信頼性・再現性のあるものでなければ，人の行動を定式化したり，そのメカニズムを想定したりすることが難しくなってしまう。あるテーマに興味をもち，自分で研究を行おうと考えて論文を調べても，信頼できる結果でなければ，テーマを絞ったり，新たな予測を立てたりすることもできず，研究を次に進めることすらできなくなるのである。つまり，再現性の危機は心理学という学問の発展にかかわる根幹的な問題であるといえる。

3. なぜこのような問題が起こるのか

　再現性の危機が起こる背景にはいくつかの理由があるとされる。簡単なものであれば，論文には必ずしも実験にかかわる全ての情報が記載されていないために起こ

るということがある。たとえば，もとの実験の結果には，実験操作以外に，操作と直接には関係のない，実験室の場所，室温，実施の時間帯，実験参加者の体調・気分なども影響していたかもしれない。しかし，こういった情報は論文の形式上も書かれることは少ない。また，そのような剰余変数があったとしても，研究者自身は統制できていたと考えるかもしれない。つまり，意図的なものでなくても，もとの研究ではさまざまな剰余変数が影響していたにもかかわらず，それらの情報が論文にはないために，再現できないことも考えられる。

　しかし，近年問題として取り上げられているのは，もっと重大なものである。科学的な知見は1回の観察でそれが真実であると見なされることはなく，多くの個別の研究者が現象の再現性を確認することで，おそらく安定した知見だろうと（石橋を叩きながら）判断していくのが通常である。したがって，もし10回（10名の研究者が）同じ実験を実施しても仮説どおりとなる結果が出たり出なかったりすれば，その仮説はどうやら正しくなさそうだ，などと考えていくのである。しかし，ある仮説を検討した実験で，仮説どおりの結果でなかったり，何ら差がみられなかったりした場合は，発表されないことが多い。これは「予想どおり」の結果や，新しい発見が含まれる（と主張する）結果のほうがインパクトがあり，周りの研究者から評価されやすい一方，追試や新たな発見がない研究は評価が低いことが背景にあるためと考えられる。

　そういった風潮から，理想とする結果にそぐわないデータを恣意的に除外したり，少しずつデータを足して，たまたま理想的な結果になった時点で実験をやめたり，膨大な変数を取得しておき，理想的な結果がみられた変数だけを取り上げて報告したり，結果に合わせて後から仮説を設定したりといったような慣習が出てくる。しかし，論文にはそういった背景はほとんど書かれない（正直に書いたら研究として認められないだろう）ために，後続の研究者が論文を読んで追試を試みても失敗することが多くなり，さらに追試結果も公表されないという悪循環を招くのである。

　このようにさまざまな「裏テクニック」を用いて良い結果が得られたとみせようとすることを疑わしい研究慣習（Questionable Research Practices; QRPs）とよぶ。このようなQRPsが用いられる背景には，研究者のキャリア形成にかかわる事情も

影響していると考えられる。研究者は自身が発表した論文が「業績」としてカウントされる。「(論文を)刊行するか死か（publish or perish）」という言葉があるように，業績の数は，心理学に限らず研究者としての就職や研究費の獲得に大きく影響するものである。多くの（そして「価値がある」と評価される）業績を積み重ねたい（実際，業績がなければ研究者を続けていくことは難しいのも現実である）と考える研究者は，故意とはいえなくとも QRPs を用いてしまう可能性もあるかもしれない。QRPs を駆使した研究論文は，単独でみれば成立しているようにみえるかもしれないが，再現性のない知見である可能性も高く，長期的にみれば心理学の衰退につながりかねないのである。

4. どうすればこの問題を解決できるのか

心理学分野では，再現性の問題は 2010 年頃から世界中で議論され，その問題解決に向けてさまざまな提案がなされている（たとえば Zwaan, Etz, Lucas, & Donnellan, 2018）。日本語であれば，2016 年に刊行された『心理学評論』第 59 巻 1 号で一連の経緯から問題解決の提案が特集として組まれているので，それを読むとよいだろう。

具体的なものとして，まずは，再現性を検証する追試も価値があるものだと評価しようとする向きがある。たとえば，アメリカにある科学的心理学会（Association for Psychological Science）が発行している *Perspectives on Psychological Science* 誌では，研究者が追試実験を実施する前に研究計画を登録し，審査のうえ承認されると，研究者がその計画どおりに実施した際には論文として刊行される仕組み（**登録制追試報告**; Registered Replication Reports）がつくられている。日本でも日本パーソナリティ心理学会が発行する『パーソナリティ研究』で，追試研究と事前登録研究を明示的に受け付けるという取組みが進められている（加藤，2018）。これらの取組みは，実施前に計画を登録すれば，その計画どおりに実施する必要があるため QRPs が行われることはなく，それで結果が再現されなくても業績になることがわかっていれば，研究者も安心して研究に取り組める，という発想のもとで行われている。

また，多くの研究者が再現可能性を検証しやすくするために，研究に用いた材料や実験のローデータ（1 次データ），追試の結果をオンライン上で公開するといった取組みも多く行われている。これは研究者や研究機関が独自に行っている場合もあ

るが，最近では Open Science Framework（https://osf.io/）や PsychFileDrawer.org（http://psychfiledrawer.org/）といった，誰でも利用できるオープンプラットフォームで材料やデータのアップロードやダウンロードが可能となっている。

　さらに，教育の一環として追試を実施することで，再現性の問題を意識させるとともに，その結果を学問の発展に寄与させようという試みもある（Frank & Saxe, 2012）。実際に学部生に最新の研究を追試させ，その結果を論文として発表している例もみられはじめている（Standing, Astrologo, Benbow, Cyr-Gauthier, & Williams, 2016）。

5. これから心理学を学ぶ人はどうすればよいのか

　これから心理学を学んでいこうとする人にとっては，自身が興味をもった学問にこのような問題があることを知るのはショックだろう。最近では多くの教科書に出てくる有名な研究にも QPRs があったのではないかという指摘もあり，いったい何が正しいのか判断することすら難しい状況でもあるといえる。また，再現性の問題は研究者が気にすればよいことで，心理学を学ぶ人には関係ないことだと思うかもしれない。

　しかし，この状況は悲観的なようにもみえるが，心理学が科学として正しい動きをみせはじめたとみることもできる。学問に対する批判的思考（否定的にみるという意味ではなく，客観的な証拠を集め，合理的に結論を判断しようとする姿勢）をもち，時に自分自身が追試を行うことによって，その事実を確かめていくという科学的方法に則った学習・研究の重要性に気づけるチャンスでもあるだろう。

　心理学実験の授業における実験や追試を含め，実際の実験を進めていくうえでは，テーマの設定，要因計画からサンプルサイズ設計，分析法の選択までの一連の流れを実験を実施する前に決めておくことが肝要であろう。さらに，実際の研究では倫理的な問題が起こらないように，所属機関に設置された研究倫理委員会から研究計画の承認を受けたうえで実験を実施することも求められる。授業ではそこまで求められなくても，複数人で実施に問題がないか確認し合い，実験参加者にとって精神的・肉体的負担のない（もしくは少ない）実験を実施するようにする。そして，実験を実施したときに，結果が再現されなかったり，予測どおりでなかったりしても，それを単なる「失敗」と考えるのではなく，新たな事実を積み重ねて学問の発展に

寄与すると考え，自信をもって積極的に発表・報告するようにする。そうすることで，心理学を学んでいこうとする人が，この問題に真摯に，そして誠実に向き合っているということがいえるのではないだろうか。

ミュラー・リヤー錯視

　錯視は，人の視覚がものの長さや大きさ，明るさなど物理的な特性を必ずしも正確にとらえていないことを示す例である。それでは具体的にどのようにとらえているのだろうか。人の感覚のように客観的に測定することの難しい対象を，数値として表し，その特性をとらえようとするのが心理学実験の基本である。本章ではミュラー・リヤー錯視を用いて錯視現象のメカニズムを探るとともに，心理学実験の基礎を体験していこう。

第3章 ミュラー・リヤー錯視

3.1 背景と目的

　日常で感じる外界は当たり前のように存在しているため，それが果たして「正確に」感じられているかといったことに疑問をもつことは少ない。しかし，実際に存在している様態と，自分自身が感じている状態がズレていることがある。このような状況を錯覚（illusion）という。とくに視覚で起こる錯覚を**錯視**（visual illusion）といい，いわゆる「心理学」が成立する以前から研究の対象とされてきた。

　錯視は現象として興味深いものであるだけでなく，それがどのように起こっているのかを系統的に調べることで，一定の「法則」を見出すことができる。そしてそこからヒトがモノを「見る」ということがどのような特徴をもっているのかを明らかにすることができる。

　ここでいう法則を見出すためには，単に1つの錯視を見て，それがどう見えるのか感想を述べるだけでは不十分である。図 3.1 に示すのは**ミュラー・リヤー錯視**（Müller-Lyer, 1889）という錯視の中でも最もよく知られた幾何学的錯視である。この図の線分 A と B は物理的には同じ長さであるが，ほとんどの人が B のほうが長いと感じる。しかし，その現象がどのような状況で，どのような錯視を見ると，どのくらいのズレが起こっているのか，ズレには個人差があるのかという法則を客観的に示すためには，類似した図を複数の人に見せて，それぞれがどのように見えるのかを検討する必要がある。たとえば，ミュラー・リヤー錯視は矢羽（主線の端に接する短い線分）の長さや角度を変化させると，その見え方が変化する。長さや角度の異なる錯視図を複数見せて，その変化を記録していくことでようやく法則が見えてくるのである。

　それでは，その変化をどのように記録していけばよいだろうか。「同じ長さに見える」「違って見える」という言語報告は間違いではないが，法則を見出そうとする場合には，どのような錯視を見ると，どのくらいのズレが起こっているのか，感じている長さを数値として表現・記録することが有効である。たとえば，ミュラー・リヤー錯視では，その人が錯視を見ながら線の長さを自分で調整し，「同じ長さに見えた」時点（これを**主観的等価点**（point of

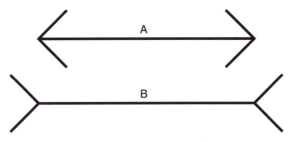

図 3.1　ミュラー・リヤー錯視

subjective equality; PSE）という）の線分の長さを測定し，基準となる線の長さとの差分を錯視量として記録していくといった方法がとられたりする。このような方法は**精神物理学的測定法**（psychophysical methods）の中でも調整法として知られている方法である。

　ここまでで説明してきた「どういった錯視図を見せるのか」といった部分は実験計画法における独立変数に相当する。一方で，「どのように錯視量を定義して数値として記録するのか」といった部分は従属変数に相当する。心理学実験は，このように独立変数と従属変数の関係を検討するものである。

　ここでは，独立変数と従属変数の関係を知るための心理学実験の最初の課題として，ミュラー・リヤー錯視の錯視量を，精神物理学的測定法の一つである調整法を用いて測定してみよう。具体的には，ミュラー・リヤー錯視の矢羽の角度の違いが錯視量にどのような影響を与えるのかを調べ，ミュラー・リヤー錯視図で錯視が起こる原因について考察することを目的とする。

3.2　方　　法

3.2.1　実 験 計 画

　矢羽の鋏角の大きさが錯視量に与える影響を検討するため，独立変数として矢羽の角度 30°条件と 60°条件を設け，両方の条件を同じ実験参加者に実施する 1 要因 2 水準の実験参加者内計画とする。従属変数は，実験参加者が報告した PSE における長さから実際の物理的な長さを引いた値（錯視量）とする。

3.2.2 実験器具

本実験では，主線と鋏辺がつくる鋏角（矢羽角）が鋭角となる図形（内向図形）を比較の際の基準となる標準刺激として，矢羽角が鈍角となる図形（外向図形）を比較刺激とする。実験では，矢羽角が 30°と 60°となる 2 種類の実験器具を作成する。矢羽角の大きさが錯視量に与える影響を検討するために，矢羽角以外の要因（主線や鋏辺の長さ）は統一する。器具は既製品を使用することもあるが，厚紙などを用いて実験者自身で作成することもできる。その一例を図 3.2 に示す。この器具は，比較刺激である外向図形を実験参加者自身が動かし，標準刺激である内向図形の主線と同じであると感じた箇所（PSE）で止めてもらい，実験者がその長さを計測することができるものである。器具の裏側に錯視量を示す目盛りを付けることで，PSE の時点で目盛りを読み取れば錯視量として利用することができ，効率的に実験を実施できる。

実験ではこの他に筆記用具と記録用紙（表 3.1）を使用する。

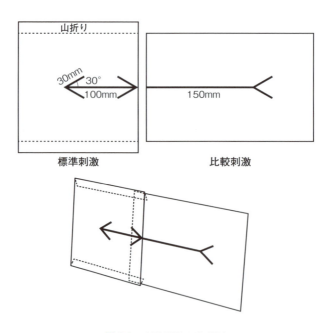

図 3.2　実験刺激の作成例

3.2 方法

表 3.1 記録用紙の例（ミュラー・リヤー錯視）

ID：_____　性別：_____　年齢：_____　利き手：_____

試行番号	矢羽角	系列	比較刺激の位置	錯視量
	30°	上昇	右	
	30°	上昇	右	
	30°	上昇	右	
	30°	上昇	右	
	30°	上昇	左	
	30°	上昇	左	
	30°	上昇	左	
	30°	上昇	左	
	30°	下降	右	
	30°	下降	右	
	30°	下降	右	
	30°	下降	右	
	30°	下降	左	
	30°	下降	左	
	30°	下降	左	
	30°	下降	左	
	60°	上昇	右	
	60°	上昇	右	
	60°	上昇	右	
	60°	上昇	右	
	60°	上昇	左	
	60°	上昇	左	
	60°	上昇	左	
	60°	上昇	左	
	60°	下降	右	
	60°	下降	右	
	60°	下降	右	
	60°	下降	右	
	60°	下降	左	
	60°	下降	左	
	60°	下降	左	
	60°	下降	左	

3.2.3 手続き

実験では2名がペアとなり，1名を実験者，1名を実験参加者として個別に実施する。基本的な手順として，本実験では実験参加者自身が器具を操作して主観的等価点を求める調整法を用いる。この方法を実施する際には，比較刺激が標準刺激より明らかに短い状態から始まり，実験参加者が比較刺激を伸ばして，標準刺激と同じ長さと感じた時点で止める上昇系列試行と，比較刺激が標準刺激より明らかに長い状態から始まり，実験参加者が比較刺激を縮め，標準刺激と同じ長さと感じた時点で止める下降系列試行を設ける。さらに，比較刺激が実験参加者に対して右側にある試行と，左側にある試行を設ける。これらの組合せと角度の条件を組み合わせたうえで，各試行での誤差を考慮して，実験全体で32試行（= 4試行×角度2条件×系列［上昇／下降］×比較刺激の位置［左／右］）を実施する。32試行はランダム順に実施する。実施の際には表3.1のような記録用紙を準備し，あらかじめ次の試行で実験者が，どの組合せを呈示するか把握できるように試行順を決めておく。

実験を開始する際に，実験者は実験参加者に対して次のような教示をする。「これからあなたにこの装置を使って，矢印状になった図形の線と同じ長さになるように，こちらの図形を動かしてもらいます。あなたは動かすほうの線が，矢印状になった図形の線と同じ長さだと感じたら，図形を動かすのを止めて，私に装置を渡してください。図形を動かしすぎて，短かすぎたり，長すぎると感じた場合には少し戻してもかまいません。図形の動かし方については，その都度指示しますので，その方法に従ってください」。続いて，あらかじめ決めた順序に従って，実験者は系列と比較刺激の位置を確認し，適切な状態で実験参加者に装置を手渡す。上昇系列の際には「ここから，こちらの図形を伸ばして，同じ長さと思うところで止めてください」と，下降系列の際には「ここから，こちらの図形を縮めて，同じ長さと思うところで止めてください」と教示する。実験参加者が器具を調整したうえで，実験者に手渡したら，実験者は長さを測ったり，目盛りを読み取ったりすることで錯視量を記録する。このときに実験者は錯視量の大きさなどの結果を暗示したり，次の試行に参考になったりすることを実験参加者にフィードバックしてはならない。

32試行を実施し終えたら，実験者は実験参加者に対して内省報告を求める。ここでは，角度や系列，比較刺激の違いによって調整の仕方や見方に影響があったかどうかといった感想を求めるなどするとよい。

これらの手続きが終了したら，実験者と実験参加者の役割を入れ替え，同じ手続きを実施する。

3.3 結　果

3.3.1 整　理

系列や比較刺激の位置の条件は錯視量に影響しうる剰余変数を統制するためのものと考え，本実験では検討の対象としない。したがって，ここではまず自身のデータについて角度の条件ごとに平均値を算出する。この後，自身のデータに加え，同様に実験を受けた10名以上から同じデータを加えて表 3.2 のようにまとめ，分析用のデータとする。

表 3.2　分析用データのまとめ（ミュラー・リヤー錯視）

ID	利き手	性別	年齢	矢羽角	
				30°	60°
1					
2					
3					
4					
5					
6					
7					
8					
9					
10					
平均					
標準偏差					

3.3.2 分析

結果の整理でまとめたデータについて，角度の条件ごとに平均と標準偏差を算出する。この数値を用いて図もしくは表を作成する。レポートには表か図のどちらかのみを呈示すればよい。そのうえで角度の条件ごとに錯視量が異なるといえるのかを確認するために，対応のある t 検定を実施する。

3.4 考察のポイント

検定の結果から，2つの角度条件の間で錯視量に差があったといえるかどうか確認する。差があった場合には，どちらの角度のほうが錯視量が大きいのかをみて，矢羽の角度と錯視量の間にどのような関係があると考えられるかを述べる。そのうえで，なぜ，矢羽の角度の違いによって，錯視量に違いが生まれると考えられるのか議論する。

3.5 課題の解説

3.5.1 精神物理学的測定法

精神物理学的測定法はドイツの哲学者・物理学者であるフェヒナー（Fechner, G. T., 1801-1877）が提唱した**精神物理学**（psychophysics）の研究で用いられていた測定方法の総称を指す。精神物理学では，身体的な感覚や精神的な活動など，外から見ることのできないものを数値として測定し，その関係を検討していた。たとえば，音の高さを少しずつ変えていき「聴こえる」もしくは「聴こえない」という回答が得られた時点の音の高さを記録する。このようにすると，人はどのくらいの高さの音なら聴こえるのかを調べることができる（刺激を感じる境界を刺激閾という）。このように，直接観察することのできない心的な活動を数値化することが，精神物理学的測定法の基本概念である。

この精神物理学的測定法には大きく分けて調整法，極限法，恒常法という3つがある。ここでは錯視量の測定を例に説明していく。

調整法（method of adjustment）は，刺激を観察する人自身が現在知覚して

いる状態を踏まえて，刺激の大きさや長さ，明るさなどを自身で調整し，標準刺激と同じに見える，指定された状態であると感じた時点で調整を止める方法である．調整法は実施も容易で，本課題のように PSE を測定するのに適した方法であるが，観察者自身が調整できるようなものしか対象にできない．また，調整が段階的になっている場合には，見えの状況ではなく，何回調整したかを手がかりとして判断してしまうと本来の目的は達成できなくなる点にも注意する必要がある．

極限法（method of limits）は，実験者が刺激の状態を段階的に変化させて，観察者にその状態を判断させる方法である．調整法では，変化（調整）のさせ方は観察者に任されていたが，ここでは実験者が一定のステップで変化させて，観察者の判断が変化した時点で呈示を止め，その時点と 1 つ手前の時点の平均を閾値として記録する．極限法でも変化は一定方向となるために，観察者が見え以外の要因で判断したり，実際の閾値よりも前や後で変化したと判断したりする可能性もある．そこで調整法のように，上昇系列と下降系列を設けることでその影響を相殺する．

調整法と極限法では，上に述べたように刺激を段階的に変化させることによる悪影響があるが，その影響を避けるために用いられるのが**恒常法**（constant method）である．恒常法では，刺激の変化をある一定の範囲内に設定し，その中からランダムに呈示し，観察者には呈示した刺激と標準刺激が同じに見えるかどうかを尋ねたりする．恒常法では観察者の期待など，刺激そのもの以外の影響を排除しやすいといった利点がある一方で，1 つの刺激に対して 20 回以上回答を求めることが多く，観察者の負担が非常に大きい．調整法では，その多数の回答から，各反応の出現確率を求め，反応の割合が 50％ となる地点が PSE や閾値であると判断する．

3.5.2 ミュラー・リヤー錯視が起こるメカニズム

ミュラー・リヤー錯視は幾何学的錯視の中で最も有名なものともいわれるが，その発生メカニズムについては複数の説が呈示されており，現在までに決定的な説明は確立されていない．

その中で取り上げられることが多いのは，グレゴリー（Gregory, R., 1923-2010）などが提案する遠近法説である。この説によると，矢羽が線遠近法において奥行きを示す線分の働きをもつことによって錯覚が起こるとしている。グレゴリーは内向図形のような線分は壁の角が手前に飛び出ている場面に相当し，外向図形は壁の角が遠くに引っ込んでいる場面に相当するとしている。このとき網膜上に映るものの大きさが同じであるなら，より遠方にあるもののほうが大きいという原則（これを大きさの恒常性という）と，"遠くに引っ込んだ場所にあるはずの線の長さが，網膜上では手前に飛び出た場所にあるはずの線と同じ長さをしている"という認識が外向図形の主線を長く感じるという知覚をもたらすとしている。

　この他に，ヴント（Wundt, W., 1832-1920）は，内向図形を端から端まで見るときと，外向図形を端から端まで見るときを比較すると，外向図形を見るときには主線の長さに加えてその外側に伸びる矢羽を見る長さが加わるために，より長く感じるのだという眼球運動説を提案している（大山, 2000）。ほかにも視覚像を空間周波数に基づいて分離した場合，図形の大きさや長さの判断は低周波数成分の像に依存するとされ，ミュラー・リヤー錯視の低周波数成分の像は，外向図形のほうが内向図形よりも大きくなる（ピンぼけした錯視図を想像してもらいたい）ことから，外向図形のほうが大きく感じるとされるという説もある（Ginsburg, 1986）。

　本課題のように，2つの条件のみからミュラー・リヤー錯視で錯覚が起こるメカニズムそのものを明らかにすることは難しいだろう。しかし，結果の傾向や日常生活でものを見る場面をよく考えて，なぜ錯視が発生するのかを考えてみてほしい。

●発展課題
1. 矢羽の長さや角度以外にミュラー・リヤー錯視で錯覚を引き起こす要因があるか考えてみよう。
2. ミュラー・リヤー錯視で錯覚が起こるメカニズムを明らかにするには，どのよう

な刺激を作成して実験をするのがよいか考えてみよう。
3. 極限法や恒常法でミュラー・リヤー錯視の錯視量を測定する際には，上に述べた実験方法をどのように変化させる必要があるかまとめてみよう。

●参 考 図 書

北岡 明佳（2010）．錯視入門　朝倉書店
　錯視研究の入門書。初学者でも読みやすく，数多くの錯視図が解説とともに紹介されている。

後藤 倬男・田中 平八（編）（2005）．錯視の科学ハンドブック　東京大学出版会
　錯視に関する研究について広範囲かつ詳細にまとめられている。入門書では触れられることの少ない錯視成立のメカニズムが紹介されていたり，現実場面への応用についても触れられたりしている。

大山 正・今井 省吾・和氣 典二（編）（1994）．新編 感覚・知覚心理学ハンドブック　誠信書房
　感覚・知覚心理学研究の諸相について網羅的にまとめられている。精神物理学的測定法に関する詳細な説明があるほか，幾何学的錯視の章でミュラー・リヤー錯視についても詳しく議論されている。

触2点閾の測定

　心理学では，目には見えないこころの働きを数値に変換し，こころを科学的に理解しようとする。見たり，聞いたり，触ったりすることで外の世界を知覚するときにも，そこにはこころの働きがある。本章では，このような感覚を測定するために考案された精神物理学的測定法の一つである極限法を用いて，触2点閾を測定する。身体部位と触2点閾の関係について考察することを通じて，閾値の概念を習得し，実験の構造を理解しよう。

4.1 背景と目的

　外の世界を知るための感覚には，視覚・聴覚・嗅覚・味覚・触覚（皮膚感覚）といった，いわゆる五感とよばれるものがある。五感の中でも皮膚感覚は，最も原始的な感覚であることが知られている。たとえば，生まれたばかりのラットは母親から舐められるといった触覚的刺激がなければ，死んでしまうこともある。人間では，触覚刺激としてマッサージを受けた未熟児は，受けなかった未熟児よりも体重増加や身長増進がみられる。このように，皮膚感覚は生存へも影響することが示されている。

　私たちの皮膚感覚には，触圧覚，痛覚，温覚，冷覚があり，それぞれに対応した圧点，痛点，温点，冷点が皮膚上に分布している。私たちはこの皮膚感覚をとおして，外界のあらゆるものが今ここに存在していることを感じ，そこにある対象の大きさや形，硬さ，肌理の粗さ，温度などを知覚している。また，それと同時にその対象に触れている自分自身を感じることもできる。つまり，皮膚感覚には身体の外にある世界を知覚する働きと，自分自身を知覚する働きの両方が存在しているのである。通常，これらのどちらか一方を優位に感じているのだが，それでも常にその両方が保たれている。これは，他の感覚にはみられない働きであり，これによって外の世界と自分を区別し，実在感を感じているのである。

　では，私たちの皮膚感覚はどれくらい敏感なのだろうか。皮膚の空間分解能にかかわる問題として，<u>触2点閾</u>（tactile two-point threshold）が古くから検討されてきた。皮膚に同時に2つの刺激が与えられたとき，その2点間の距離がある程度離れていれば2つの刺激として知覚できるが，2点間の距離が近いと1つの刺激と感じてしまう。2点を別のものとして認識することのできる最小の距離が触2点閾である。さまざまな身体部位においてこの触2点閾を検討することで，どの部位が敏感であるのかを明らかにすることができると考えられる。

　ここでは，感覚測定の基本である精神物理学測定法のうちの極限法を用いて，触2点閾を測定する。本実験の具体的な目的は，身体部位によって触2点閾が

異なるのかどうかを検討し，身体部位と触2点閾の大きさの関係について考察することである。なお，本課題の大きな目的は，実験をとおして精神物理学的測定法を体験し，触2点閾（閾値）の概念を知ることであり，さらには身体部位と触2点閾の大きさの関係について考察することで，心理学実験の構造を理解することである。

4.2 方　法

4.2.1 実験計画

身体部位の違いが，触2点閾に与える影響を検討するために，独立変数として身体の2部位を選定する。ここでは，利き手の手のひらと前腕腹側部とするが，受講者で意見を出し合い，部位を決定するのもよいだろう。本実験は，利き手の手のひらと前腕の両条件の測定が，同一の実験参加者において行われる1要因2水準の実験参加者内計画とする。従属変数は，実験参加者の報告が1点から2点へ，または2点から1点へと変化した際に呈示していた刺激の2点間の距離と，直前に呈示していた刺激の2点間の距離の平均値とする。

4.2.2 実験機器

スピアマン式触覚計（図4.1）を使用する。ノギスなどでも代用が可能である。また，図4.2に示すように，クリップ（またはナイロン糸など）と厚紙で簡易の触覚計を作製することもできる。スピアマン式触覚計やノギスには目盛りが記されており，皮膚に触れた2点間の距離を即座に読み取ることができる。自作の簡易触覚計の場合は，定規等を使用して，皮膚に触れた2点間の距離を計測する必要がある。

このほかには筆記用具と記録用紙（表4.1）を使用する。なお，表4.1の記録用紙の左1列は，実験参加者が明らかに2点と感じられる刺激間の距離から2点とは感じられない刺激間の距離の範囲（予備実験を通して決定）を，各実験参加者に合わせて記入する必要がある。

第4章　触2点閾の測定

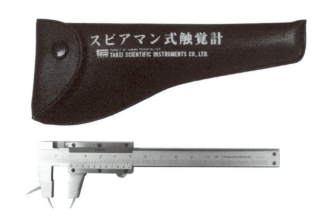

図 4.1　スピアマン式触覚計（竹井機器工業株式会社）

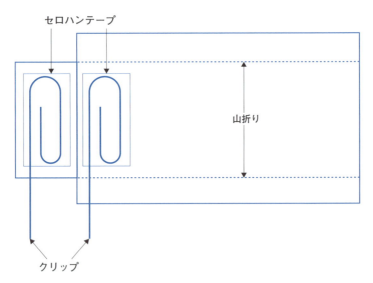

図 4.2　簡易触覚計

4.2 方 法

表 4.1 記録用紙の例（触 2 点閾）

| ID： | 性別： | 年齢： | 利き手： | 部位： | 触 2 点閾平均値： |

試行	1	2	3	4	5	6	7	8	…	21	22	23	24
mm	↑	↓	↓	↑	↓	↑	↑	↓		↓	↑	↑	↓
19													
18													
17													
16													
15													
14													
13													
12													
11													
10													
9													
8													
7													
6													
5													
4													
3													
2													
1													
0													
2点閾													

4.2.3 手 続 き

　実験は 2 人 1 組で実施する．1 名は実験者，もう 1 名は実験参加者となる．実験参加者は椅子に座り，利き手の手のひらを上に向け机上に置く．実験者は実験参加者の利き手の手のひらに，腕の縦方向に沿って約 2cm の直線をペンで描き，その線の指先側の端に横方向に短い線を描く．さらに，前腕腹側部にも腕の縦方向に沿って約 10cm の直線をペンで描き，その線の手首側の端に横方向に短い線を描く．それらの交点が基点となり，描いた直線上に触覚計を当

てることになる。

　まず，実験参加者ごとに予備実験を実施する。実験参加者は閉眼状態で椅子に座り，利き手の手のひらを上に向け机上に置く。実験者は，触覚計の間隔を少しずつ変化させ，手のひらまたは前腕の表面に確実に 2 点が同時に接触するように刺激する。実験参加者は，与えられた刺激を 2 点と感じるのか，それとも 2 点とは感じられない（1 点と感じる）のかを報告する。この予備実験をとおして，2 点間の距離がどの程度であれば明らかに 2 点と感じられるのか，また 2 点と感じられなくなるのか見当をつけ，それに基づいて刺激変化の範囲を決定する。実験参加者は明らかに 2 点と感じられる場合と 2 点とは感じられない場合を経験することで，自分なりの判断基準をもてるようにする。実験開始時には，実験者は実験参加者に対して次のような教示を与える。「これからこの触覚計を使って，あなたの皮膚を刺激します。あなたは目を閉じて与えられた刺激が 2 点と感じられるのか，または 2 点とは感じられないのか報告してください」。

　本実験では，実験者が刺激である 2 点間の距離を一定の方向へ一定の間隔で変化させて呈示する極限法により測定を行う。実験者は，実験参加者が明らかに 1 点と感じる距離から刺激を呈示し，徐々にその距離を広げて 2 点と感じられるまで行う上昇系列（A）と，明らかに 2 点と感じられる距離から刺激を呈示し，徐々に刺激間の距離を狭めて 2 点と感じられなくなるまで行う下降系列（D）の両方を実施する。呈示順序は ADDADAAD の繰返しとし，最終的に上昇系列 12 試行，下降系列 12 試行，計 24 試行実施する。実験参加者の報告が 2 点から 1 点，または 1 点から 2 点と変化した時点でその試行は打ち切りとし，次の試行へ移る。実験者は，実験参加者が「2 点」と報告した場合には「2」，「2 点とは感じられない」または「1 点」と報告した場合には「1」と記録用紙にその都度記録する。

　刺激変化は 1mm ステップとし，呈示時間は 2 秒程度とする。試行間隔は少なくとも 5 秒程度あけるようにする。実験者は予備実験と同様に，2 点が同時に皮膚に触れるようにし，2 点が均等（たとえば 20g）の圧力で刺激されるようにする。圧力が強すぎると痛覚が生じてしまうため，注意が必要である。ま

た，触2点閾には圧力も影響することが考えられるため，試行間で一定の圧力となるよう心がける。

24試行を終えたら内省報告を求めて記録し，もう一方の部位についても同様に測定する．2部位について計測が終了したら，実験者と実験参加者の役割を交代し，同じ手続きを実施する．なお，1名が手のひら，前腕の順で測定を実施した場合は，もう1名は前腕，手のひらの順で測定を行う．

4.3 結　果

4.3.1 整　理

実験参加者の判断が2から1または1から2と変化した際に呈示していた刺激の2点間の距離と，直前に呈示していた刺激の2点間の距離の平均値を触2点閾とし，試行ごとの触2点閾を算出する．系列による剰余変数は，呈示順序によって統制されていると考え，本実験では検討対象とはしない．そのため，各実験参加者の部位別に24試行分の触2点閾の平均値を算出する．その後，受講者全員分のデータを表4.2のようにまとめる．

表4.2　分析用データのまとめ

ID	利き手	性別	年齢	手のひら	腕
1					
2					
3					
4					
5					
6					
7					
8					
9					
10					
平均					
標準偏差					

4.3.2 分析

表 4.2 のようにまとめたデータについて，部位条件ごとに平均と標準偏差を算出し，図を作成する。そして，身体部位 2 条件間で触 2 点閾が異なるのか検討するために，対応のある t 検定を実施する。

4.4 考察のポイント

検定の結果，身体部位 2 条件間で触 2 点閾に有意な差があったかどうかを確認する。有意差があった場合には，どちらの条件のほうが触 2 点閾が小さいのかを読み取り，その意味を記述する。具体的には，身体部位と触 2 点閾の大きさにはどのような関係があるかを考える。その際には，触 2 点閾が小さい部位と大きい部位では皮膚の特徴がどのように異なるのか，解剖学的観点から考察するのもよいだろう。また，本実験結果が先行研究と一致するかどうかも議論する。

4.5 課題の解説

4.5.1 閾値

見え方や感じ方などの心的現象は，どのように測定できるのだろうか。心的現象を数量化する方法について，最初に考案したのはフェヒナー（Fechner, G. T., 1801-1887）である。彼が考案した測定法は精神物理学的測定法とよばれ，心的現象を物理学と同じように測定することを可能にした方法であった（精神物理学的測定法については，第 3 章に詳細が記されているため，そちらを参照していただきたい）。フェヒナーは，外の世界を変化させたときに私たちの感じ方がどのように変化するのか，その関係性について実験し，法則を明らかにしようとした。精神物理学的測定法の中でも極限法は，ウェーバー（Weber, E. H., 1795-1878）の触 2 点閾や重量弁別の研究が始まりであり，実験心理学の出発点がウェーバーの触覚研究であったことがわかる。では，精神物理学的測定法を用いて測定できる見え方や感じ方とは，具体的にはどのようなものだろう

か。

　まず1つ目に**絶対閾**（absolute threshold）があげられる。これは，刺激の存在を知覚できる場合とできない場合の境目（閾）のことであり，**刺激閾**（stimulus threshold）ともいう。人間は，常に同じように知覚できるとは限らないため，あるときは知覚できた刺激強度でも，別のときには知覚できないことがある。そのため，刺激を知覚できた場合とできなかった場合が50％ずつになる刺激強度を，絶対閾としている。

　次に，**弁別閾**（difference threshold）あるいは**丁度可知差異**（just noticeable difference; jnd）があげられる。たとえば，100gの粘土を101gに増量させても重くなったと感じることはできないが，110gになれば重くなったことに気づくことができる。変化量が小さければその違いを知覚できず，変化量が大きくなればその違いを知覚できるわけだが，このときの最少の変化量が弁別閾である。弁別閾は基準となる刺激の大きさにほぼ比例して大きくなる。基準となる刺激が2倍になれば弁別閾も2倍となる。つまり，100gに対して10g増量した場合に初めて"重くなった"と気づくことができたならば，200gに対して10gが足されてもその変化には気づかず，20g増量されて220gとなった場合にその変化に気づくことができるのである。この関係性は，ウェーバーによって発見されたため，**ウェーバーの法則**（Weber's law）とよばれている。ウェーバーの弟子であったフェヒナーは，ウェーバーの法則に対数の考えを導入し，**フェヒナーの法則**（Fechner's law）としてその考えを発展させた。なお，弁別閾には**上弁別閾**（upper difference threshold）と**下弁別閾**（lower difference threshold）があり，"こちらのほうが大きい"と知覚できる場合を上弁別閾，"こちらのほうが小さい"と知覚できる場合を下弁別閾という。

4.5.2　触2点閾

　ウェーバーは皮膚感覚に関する一連の実験的研究を行っている。彼の研究の中でも触2点閾は，先に述べたように空間分解能の解明のために研究されてきたが，それだけではなく，皮膚の構造を明らかにするためにも行われてきた。そして，身体部位によって触2点閾が異なることを示した（Weber, 1996）。

ウェーバー以降も追試実験が行われ，ウェインシュタイン（Weinstein, 1968）は，人間の前腕では35mm以上，手のひらで約10mm，指先における触2点閾は5mm以下と，四肢の体幹部から末端部へ行くほど触2点閾は小さく感度が高いことを明らかにした（図4.3）。これは，運動性の法則（law of mobility）とよばれ，使用頻度の高い身体部位ほど閾値は小さく，敏感であることを示しており（Vierordt, 1870），触2点閾が身体の動きにも依存していることを示唆している。また，刺激に動きを伴う場合の触2点閾は，動きを伴わない場合の数分の1程度になることも報告されている（Loomis & Collins, 1978; Weinstein, 1968）。

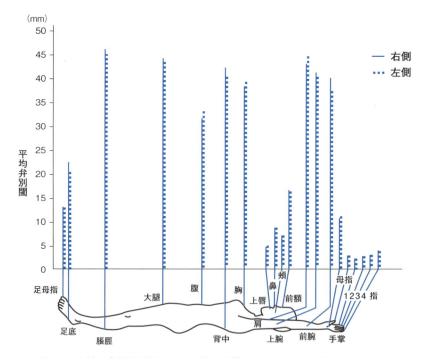

図4.3　女性の身体表面部における触2点閾（Weinstein, 1968を基に作成）
実線は身体の右側，点線は左側の測定結果である。基本的に，男性も女性と同様の結果が示されている。

4.5 課題の解説

表 4.3 受容器とその受容器が反応する刺激

受容器	刺激
マイスナー小体	圧や低周波の振動
メルケル盤	皮膚への軽い接触
パチニ小体	深部の圧や高周波の振動
ルフィニ小体	皮膚の伸張や変形

　この運動性の法則は，解剖学的な観点からも示唆される。皮膚の構造的には，マイスナー小体，メルケル盤，パチニ小体，ルフィニ小体などの受容器が身体全体に数百万分布しており，指先では $1mm^2$ 当たり 700 程度と密集して分布している。表 4.3 に示すように，これらの受容器は接触した対象の変化や振動，圧力を知覚する受容器であり，なかでもパチニ小体は全体の 4 分の 1 が手のひらと指に集中している。

●発展課題

1. 別の身体部位で触 2 点閾を測定する実験計画を立ててみよう。その部位を比較することにどのような意味があるのか，どのような仮説が立てられるか考えてみよう。
2. 恒常法による触 2 点閾の測定を実施する実験計画を立ててみよう。どのような手続きで実施し，どのように結果を整理する必要があるか考えてみよう。
3. 触 2 点閾に性差や個人差，個人内変動があるのか，上昇系列と下降系列では有意差がみられるのか，収集したデータや先行研究から考えてみよう。測定上の問題として考えられることを考察しよう。

●参考図書

大山 正・今井 省吾・和氣 典二（編）(1994). 新編 感覚・知覚心理学ハンドブック　誠信書房

　感覚・知覚心理学に関する研究全般が網羅されたハンドブックである。触 2 点閾や，それにかかわる研究について詳しく記されており，閾値の概念についても書かれている。

岩村 吉晃 (2001). タッチ　医学書院

触覚研究に関する基礎知識がまとめられている。触覚における大脳の働きについてもわかりやすく解説されており，触覚について理解を深めることができる。

東山 篤規・宮岡 徹・谷口 俊治・佐藤 愛子 (2009). 触覚と痛み おうふう

　第1部に触覚，第2部に痛みに関する研究が記されている。第1部は，歴史的な流れも踏まえて触2点閾について詳細に記述されている。また，皮膚の構造やその他の触覚研究についても網羅されている。

田﨑 權一 (2017). 触覚の心理学──認知と感情の世界── ナカニシヤ出版

　触覚研究について基礎編と応用編に分かれて記されている。基礎編には，触2点閾についてはもちろんのこと，生理学的基礎についても詳しく記されている。また，応用編は身近な話題にまで及び，触覚研究が日常生活のどのような場面と関係するのかもわかる一冊となっている。

5

両側性転移

　人は無限に新しい技能を身につける。その多くは学習によって得られるものであり，箸の使い方，スポーツの技術，携帯電話・スマートフォンの使い方など，例をあげるときがないであろう。先に獲得した技能が，後で獲得する技能に，良いあるいは悪い影響を及ぼすことがある。

　本章では，一方の手足による学習が他方の手足における学習に影響を与える両側性転移について，鏡映描写課題を用いて調べてみることにしよう。

5.1 背景と目的

　日常生活の中で，私たちはさまざまな動作をなめらかに，意識することもなく行っている。動作や技能の習得では，感覚系と運動系の協応が必要である。これを知覚運動協応（perceptual-motor coordination）という。すなわち外界の変化や刺激に注意を向け，それに応じて自分が行っている動作に対しても注意を払うということである。

　動作や技能の習得では，これまで協応的技能の効率性に影響を与える要因が検討されてきた。効率的に必要な動作や技能を習得することは，日常生活のみならずリハビリテーションの場面などにおいても重要なことである。効率的に動作や技能を習得するには，練習時間の配分や練習場面の多様性，課題を分割して学習すべきか否かなどの要因が考えられるが，これらの要因以外に習得の効率性に影響を与えるものとして，訓練の転移が知られている。

　動作や技能の習得においては，訓練の転移は効率性にかかわる重要な問題である。私たちが必要な動作や技能を全て訓練することは，現実的には無理である。必要な動作や技能の訓練を必ずしもしていないにもかかわらず，私たちは多種多様な動作や技能を学習している。このことは，ある種の訓練には転移（transfer）が存在することを示しているものだろう。

　そこで本章では，このような動作や技能の習得が，どのようなプロセスで進んでいくのかを鏡映像を見ながら描写するという鏡映描写課題を用いて検討する。さらに一方の手（あるいは足）による学習が他方の手（足）における技能習得に影響を与える両側性転移（bilateral transfer）について，アンダーウッド（Underwood, 1949）に準じて検討することを目的とする。

5.2 方法

5.2.1 実験計画

　独立変数として学習方法という要因に基づき，利き手訓練，非利き手訓練，訓練なしの3条件を設け，実験参加者はいずれか1つの条件を実施する1要因

3水準の実験参加者間計画とした。従属変数は，課題遂行時間，逸脱数とする。

5.2.2 実験器具

鏡映描写装置（器具の例を図5.1に示す），ストップウォッチ，星形の図形が印刷された課題用紙（用紙の例を図5.2に示す），鉛筆（短いものが使いやすい）を用いる。鏡映描写装置は，既製品を用いることもできるが，自作することも可能である。

図 5.1 **鏡映描写装置と検査用紙**（竹井機器工業株式会社）

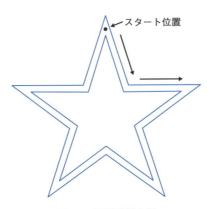

図 5.2 **課題用紙の例**

5.2.3 手続き

　実験は，2名がペアとなり，1名を実験者，1名を実験参加者として個別に実施する。

　実験者は鏡映描写装置の前に実験参加者を座らせ，装置の位置を決める。星形図形が実験参加者から直接見えず，鏡のみで見えるように注意する。

　準備ができたら，実験参加者の利き手を確認し，利き手に鉛筆を持たせて次のような教示を与える。

　「星形の黒丸のところからスタートしてください。そこから出発して，矢印の方向に，星形の2本の線の間のコースを，線に触れたりはみ出したりしないように注意して，正確かつ速く，鉛筆で一周してください」。

　慎重になりすぎて所要時間がかかりすぎたり，急ぎすぎて何回もはみ出したりしないように，「正確かつ速く」バランスよく課題を行うように，適切に指示を与えることが重要である。また，コースからはみ出した場合には，すぐにはみ出した位置に戻り，課題を続けるようにあらかじめ説明しておくことも重要である。

　実験参加者が描画方法を正しく理解していることを確認した後，実験参加者に目を閉じてもらい，実験者はその状態で鉛筆をスタートの位置に置く。実験参加者は，実験者の「スタート」の合図で目を開け，描画を開始する。

　実験者はストップウォッチで所要時間を計測し，記録用紙に記入する。各試行とも試行間隔は約10秒とする。逸脱回数は全試行終了後にカウントし，同様に記入する。その際，課題を遂行するためにとった方略などに関する内省報告も記録する。

　表5.1は各群の試行内容を示したものである。プレ試行の前に1回練習を行い，計測をする。その結果は記録用紙に記入しない。その後，プレ試行を実施する。このプレ試行の所用時間で実験参加者のグループマッチングを行う。第1〜第10試行までの10試行が訓練試行である。第1群は，非利き手で，第2群は利き手で鏡映描写を行う。第3群は，第1〜第10試行では，鏡映描写は行わない（その間，読書など，鏡映描写と関連のないことを行い，時間を過ごす）。約15分経過した後，ポスト試行を行う。これらの結果は，表5.2のよう

5.2 方法

表 5.1 各群の試行内容

	練習	プレ	試行 1	試行 2	試行 3	試行 4	試行 5	試行 6	試行 7	試行 8	試行 9	試行 10	ポスト
第1群	利き手	利き手	非利き手	非利き手	非利き手	非利き手	非利き手	非利き手	非利き手	非利き手	非利き手	非利き手	利き手
第2群	利き手	利き手	利き手	利き手	利き手	利き手	利き手	利き手	利き手	利き手	利き手	利き手	利き手
第3群	利き手	利き手	訓練なし	訓練なし	訓練なし	訓練なし	訓練なし	訓練なし	訓練なし	訓練なし	訓練なし	訓練なし	利き手

表 5.2 個人記録用紙の例（両側性転移）

個人記録シート
第1群（非利き手訓練）
ID：　　　　　性別：　　　　　年齢：　　　　　利き手：

	プレ	試行 1	試行 2	試行 3	試行 4	試行 5	試行 6	試行 7	試行 8	試行 9	試行 10	ポスト
試行秒数記録												
逸脱回数記録												

個人記録シート
第2群（利き手訓練）
ID：　　　　　性別：　　　　　年齢：　　　　　利き手：

	プレ	試行 1	試行 2	試行 3	試行 4	試行 5	試行 6	試行 7	試行 8	試行 9	試行 10	ポスト
試行秒数記録												
逸脱回数記録												

個人記録シート
第3群（訓練なし）
ID：　　　　　性別：　　　　　年齢：　　　　　利き手：

	プレ	ポスト
試行秒数記録		
逸脱回数記録		

な個人記録用紙に記入する。第1群が実験群，第2，第3群が統制群にあたる。プレ試行での群のマッチングは，3条件（群）間で，鏡映描写課題の得意な人，苦手な人が偏らないよう，釣り合いのとれた群をつくるために行う。

5.3 結　果

5.3.1 整　理

結果分析用集計用紙（表5.3（a）から（c））に集めた各群のデータを試行ごとに平均する。各群の人数は多いほうがよいが，当該クラスの受講生の人数の3分の1を1群の人数とするなど必要に応じて調整する。

5.3.2 分　析

結果の整理でまとめたデータについて，各試行（プレ・試行1〜10・ポスト）の平均値と標準偏差を算出する。この数値を用いて訓練に伴う所要時間および逸脱数の変化の群別にグラフを作成する。横軸が試行，縦軸がそれぞれ所要時間（秒）および逸脱数（回）となる。

そのうえで，訓練の方法がポストテストの値に影響を与えるかどうかを，転移率を算出して，1要因3水準実験参加者間分散分析を行う。

転移率は所要時間，逸脱数ともに以下のように計算する。

$$転移率 = \frac{ポスト試行 - プレ試行}{プレ試行} \times 100$$

5.4 考察のポイント

検定の結果，3群間に有意な主効果があった場合，多重比較によってどの群間に差があったのかを確認し，訓練方法，訓練回数と所要時間，逸脱数の関係を検討する。その際には三谷（1971）の論文を参照するとよい。同様に，差がなかった場合はその原因を考察する。加えて，実験参加者が課題遂行中にどの

5.4 考察のポイント

表 5.3 (a) 結果分析用集計用紙の例（第 1 群 非利き手訓練）(両側性転移)

所要時間（秒）		利き手	非利き手	非利き手	非利き手	非利き手	非利き手	非利き手	非利き手	非利き手	非利き手	非利き手	利き手
ID	年齢	性別	利き手	プレ	試行1	試行2	試行3	試行4	試行5	試行6	試行7	試行8	試行9	試行10	ポスト
1														
2														
3														
4														
5														
6														
7														
8														
9														
10														
平均														

逸脱数（回）		利き手	非利き手	非利き手	非利き手	非利き手	非利き手	非利き手	非利き手	非利き手	非利き手	非利き手	利き手
ID	年齢	性別	利き手	プレ	試行1	試行2	試行3	試行4	試行5	試行6	試行7	試行8	試行9	試行10	ポスト
1														
2														
3														
4														
5														
6														
7														
8														
9														
10														
平均														

表 5.3 (b)　結果分析用集計用紙の例（第 2 群　利き手訓練）（両側性転移）

所要時間（秒）													
ID	年齢	性別	利き手	利き手 プレ	非利き手 試行1	非利き手 試行2	非利き手 試行3	非利き手 試行4	非利き手 試行5	非利き手 試行6	非利き手 試行7	非利き手 試行8	非利き手 試行9	非利き手 試行10	利き手 ポスト
1															
2															
3															
4															
5															
6															
7															
8															
9															
10															
平均															

逸脱数（回）													
ID	年齢	性別	利き手	利き手 プレ	非利き手 試行1	非利き手 試行2	非利き手 試行3	非利き手 試行4	非利き手 試行5	非利き手 試行6	非利き手 試行7	非利き手 試行8	非利き手 試行9	非利き手 試行10	利き手 ポスト
1															
2															
3															
4															
5															
6															
7															
8															
9															
10															
平均															

表 5.3（c） 結果分析用集計用紙の例（第 3 群　訓練なし）（両側性転移）

ID	所要時間（秒）			利き手プレ	利き手ポスト
	年齢	性別	利き手		
1					
2					
3					
4					
5					
6					
7					
8					
9					
10					
			平均		

ID	逸脱数（回）			利き手プレ	利き手ポスト
	年齢	性別	利き手		
1					
2					
3					
4					
5					
6					
7					
8					
9					
10					
			平均		

ような方略を用いたのかを，内省報告から考察する。

5.5　課題の解説

5.5.1　学習過程

　技能の上達状態は，横軸に試行数，縦軸に遂行量をとってグラフ化することにより視覚的に示すことができる。このような試行数に伴う遂行量の変化を示すグラフを**学習曲線**（learning curve）という。

学習曲線は単純な右肩上がりのみではなく，さまざまな様相を示す。前半に急速な変化を示し後半に変化が鈍るものや進歩が停滞する部分がみられることもある。このような進歩の停滞する現象を**高原現象**（plateau）という。これらにみられる量的な変化のみならず質的な変化もみることが学習を理解するうえで重要である。

5.5.2 技能の転移

すでに習得した技能は他の場面に応用される。たとえば，バイオリンをすでに弾ける人が，ヴィオラの演奏を学習することは，弦楽器をまったく弾いた経験のない人よりははるかに容易であろう。このようなことは，スポーツ場面でも経験した人はいるだろう。このように，ある学習の効果が，類似した学習に効果を及ぼすことを**転移**という。先ほどのバイオリンの例は，ヴィオラの学習に促進的効果を及ぼすため，**正の転移**といわれる。また，ソフトテニスをやっていた人が，硬式テニスをする場合には，ソフトテニスの経験が全てテニスの学習に促進的に働くわけではない。フォームやラケット，ボールなどの違いなどによる妨害的効果もみられるだろう。このような転移を**負の転移**という。

本章の課題は，転移の中でも体の左右で効果の波及が生じる現象（両側性転移）を，鏡映描写課題を用いて扱ったものである。

5.5.3 利き手テスト

利き手と脳の機能や構造には対応関係があることが知られており，脳に焦点を当てた神経科学・神経心理学的研究や臨床場面において利き手テストは必須となる。また，本章の研究のように実験状況の統制のため利き手を調べなくてはならない場合もあり，利き手テストは多くの場面で使われる。

本実験で行ったように利き手がどちらであるのか，本人の報告によって調べることもあるが，種々の片手で行う作業をさせ，その作業成績に基づき利き手を決めるような利き手テストもある。最もよく使われるのは質問紙形式のもので，エディンバラ利き手テスト（Oldfield, 1971）が実質的にスタンダードな利き手テストであろう。しかし，エディンバラ利き手テストは開発から40年以

上が経過し，いくつかの問題点があるため，大久保・鈴木・Nicholls（2014）は妥当性と信頼性を備えた尺度として日本語版 FLANDERS 利き手テストを開発した。

5.5.4 マッチングについて

本実験のような場合，各自の本試行前に群のマッチングのための課題を行い，その課題遂行時間に基づいて，実施する群（条件）を決める。

具体例として，最初の試行の遂行時間に基づいて，以下のように群ごとに実験参加者を配置する。しかし，実際の実験実習では，実験参加者の人数などの影響で，厳密なマッチングは難しい場合もある。マッチングを行い①1群，②2群，③3群，④2群，⑤3群，⑥1群，⑦3群，⑧1群，⑨2群（①〜⑨で，①は遂行時間が一番短い人，⑨は一番長かった人を示す）のように実験参加者を配置すると，どこかの群にだけ，鏡映描写課題が得意な人が集まるという可能性を小さくすることができる。ここでの実験では両側性転移について3群間の比較を行いたいので，課題の得意不得意のような個人差変数をできるだけ統制することが重要であるため，マッチングという方法を用いることがある。

●発 展 課 題

1. 鏡映描写以外の課題で，両側性転移の検討をするには，何を使えばよいのか，考えてみよう。
2. 足を用いた両側性転移の検討では，どのような課題が適しているか考えてみよう。
3. 鏡映描写を課題として用いることの優れている点は何か考えてみよう。

●参 考 図 書

篠原 彰一（2008）．学習心理学への招待［改訂版］──学習・記憶のしくみを探る── サイエンス社

　学習の基礎過程について過不足なく説明されている。また，初学者でも理解しやすいように，簡潔な記述で書かれている。

森 敏昭・岡 直樹・中條 和光（2011）．学習心理学──理論と実践の統合をめざし

て──　培風館
　初学者にとっても，学習心理学がどのようなものなのか，具体的につかみやすいであろう。技能の学習についても詳しく書かれている。

ストループ効果

　物体には形や奥行き，色，陰影の情報があるように，外界から入ってくる情報にはさまざまな属性があり，人はそれらを同時に処理している。その中の少数の属性に注意を向け，それ以外を無視することもできるが，完全に無視し続けることは難しく，無視しようとしている情報が，注意を向けている情報の処理に干渉を引き起こすこともある。本章では干渉現象として広く知られるストループ効果を取り上げ，干渉の特性について検討する。

6.1 背景と目的

　初めて訪れた海外の空港でトイレに行きたくなったとき，何を手がかりにトイレの場所を探すだろうか。日本に長く住んでいるため，ついつい「赤と青」のサインを探してしまうが，なかなか見つからない。あまりに見つからず焦りだしたところで目の前に「Men / Women」という文字と白色の男女のシルエットがあるではないか。冷静になればすぐにわかるのに，ちょっと前までなぜ気づかなかったのだろう。

　人が何かをするときに特定のものに注意を向けることができる能力を**選択的注意**という。上の例では色に選択的注意を向けていたために，それ以外の情報に注意が払われなかったのである。このように選択的注意が働いていると注意を向けているもの以外の情報を無視しがちである。しかし，完全に無視できるかというとそうでもなく，入ってきた情報が自動的に処理されていることもある。騒がしい場所でも，自分の名前が呼ばれればそれに気づくことができるという**カクテルパーティ現象**はその一例である。

　意識的に注意を向ける処理と，自動的な処理は並行的に行われていると考えられるが，それぞれの処理が時に邪魔をしあうことがある。上のトイレのサインでいえば，もし，女性のシルエットが青で，男性のシルエットが赤で描かれていれば混乱するだろう。これは日本に長く住んでいる人がついつい女性＝赤，男性＝青と自動的に処理をしてしまうためである（北神・菅・Kim・米田・宮本，2009）。このように情報処理をする際に，2つの内容が影響しあい，目的とする処理が阻害されることを**干渉**（interference）という。

　干渉は心理学で長く研究の対象となっており，さまざまな干渉現象があることが知られている。ここでは干渉現象として古くから知られ，多くの研究が行われている**ストループ効果**（Stroop effect）を取り上げる（Stroop, 1935）。ストループ効果は特定の色（たとえば赤）で書かれている四角形が呈示され，実験参加者がその色名を回答するときと，色を示す単語（たとえば「黄」）と異なる色で書かれた刺激（つまり赤色で書かれた「黄」）の色名を回答するときでは，後者のほうが回答に時間がかかるといった現象である。

この実験では，ストループ効果がどのような現象であるか体験するとともに，単語の処理と色の処理においてなぜ干渉が起こるのかについて考察することを目的とする。

6.2 方　　法

6.2.1 実 験 計 画

　刺激の種類（単純刺激カード条件／複合刺激カード条件）の要因と課題の種類（文字読み上げ条件／色名呼称条件）の要因の2要因実験参加者内計画の実験を実施する。従属変数は，カードを最初から最後まで読み上げる時間（所要時間）と，言い間違えた数（誤答数）とする。

6.2.2 実 験 器 具

　実験前に各自がコンピュータで単純刺激カードと複合刺激カードを作成する。単純刺激カードは黒文字の漢字が書かれたもの（カード1，例として図6.1）と四角形の色パッチが描かれたもの（カード2，例として図6.2（口絵 p.1））があり，複合刺激は漢字の内容とは異なる色で書かれたもの（カード3，例として図6.3（口絵 p.2））である。

　それぞれの刺激は，四角形ないし文字を12行×8列となるように並べる。カードで使用する文字と印字色は「赤」「青」「黄」「緑」とする。印字色のうち黄色は白背景に印刷した場合に，視認性が低い可能性があることから，明度をやや下げるなどの対処をしてもよい。文字ないし印字色は12行×8列の中にランダムな配置となるようにする。ただしこのとき，カード1と3では文字の内容が一致するように，また，カード2と3では印字色が一致するように作成する。たとえばカード1が「緑，黄，赤，青，緑……」となっていた場合，カード2も文字は「緑，黄，赤，青，緑……」となるようにする。一方でカード2と3で印字色を一致させるためにカード2は「赤色で書いた緑，青色で書いた黄，青色で書いた赤，緑色で書いた青，黄色で書いた緑……」としておき，カード3はそれぞれ「赤色，青色，青色，緑色，黄色……」で印字する。

第 6 章　ストループ効果

→

赤	緑	緑	緑	青	緑	黄	赤
赤	赤	青	赤	黄	赤	赤	緑
赤	黄	緑	青	赤	赤	緑	黄
青	緑	青	緑	青	緑	青	黄
黄	赤	黄	青	黄	緑	青	青
赤	赤	黄	青	赤	黄	赤	黄
黄	青	赤	赤	青	青	赤	黄
青	緑	青	黄	青	赤	黄	緑
緑	赤	黄	黄	青	黄	黄	赤
緑	黄	青	赤	青	青	黄	赤
緑	黄	緑	緑	緑	青	緑	黄
緑	青	黄	緑	赤	緑	青	緑

図 6.1　カード 1 の例

6.2 方　　法

このようにすることによって，たとえばカード 3 で色を読み上げる所要時間からカード 2 で色を読み上げる所要時間を引けば，印字色と文字の内容の異なる内容を読み上げるときにどの程度干渉が起こっているのかを明らかにすることができる。カード 3 を作成するときには 1 つの色名は，その内容と異なる 3 色で書くこととなるが，その組合せの出現頻度は等分になる（1 つの組合せを計 6 回出す）ようにする。

実験では刺激を左上から右に向かって読んでいくようにするために，開始位置（刺激の左上）に矢印をつけるとよい。文字のフォントとサイズは適宜調整するが，可能な限り読みやすく，大きいサイズを選択する。作成した刺激は A4 判の用紙に印刷する。

カード 1 ～ 3 に加えて，課題の練習用にカード 1 ～ 3 の内容を 1 行分だけ入れたもの（刺激の順番は変える）も作成する（図 6.4（口絵 p.3））。練習用カードには教示も書いておくとよい。

実験ではこれらのカードの他にストップウォッチと筆記用具，記録用紙（表 6.1，表 6.2），IC レコーダー（録音機能があれば各自が所有するスマートフォン等でもよい）を使用する。

表 6.1　記録用紙（所要時間）の例（ストループ効果）

ID	性別	年齢	黒文字 読み上げ条件	色文字 読み上げ条件	色パッチ 色呼称条件	色文字 色呼称条件
1						
2						
3						
4						
5						
6						
7						
8						
9						
10						
平均値						
標準偏差						

表 6.2　記録用紙（誤答数）の例（ストループ効果）

ID	性別	年齢	黒文字 読み上げ条件	色文字 読み上げ条件	色パッチ 色呼称条件	色文字 色呼称条件
1						
2						
3						
4						
5						
6						
7						
8						
9						
10						
平均値						
標準偏差						

6.2.3　手続き

　実験は実験者と実験参加者のペアで実施する。課題は声を出して行うものなので，周囲の人の声で課題実施や録音が妨げられない距離をとる。

　実験計画と刺激の組合せが複雑となるため，ここでは①カード1の文字を読み上げる黒文字読み上げ条件，②カード3の文字を読む色文字読み上げ条件，③カード2の色を呼称する色パッチ色呼称条件，④カード3の色を呼称する色文字色呼称条件として説明を進める。

　各条件の開始時に，実験者は実験参加者にその条件における課題の進め方について教示する。②色文字読み上げ条件を例に取ると「ここに色に関する単語が，その単語の意味とは異なる色で印字されたカードがあります。これからあなたはこのカードの文字を読み上げてください。読み上げはできるだけ正確に速く行うようにしてください」という教示をする。このときに練習カードを使って例をあげるなどして説明してもよい。とくにカード3を用いる際には，実験参加者が理解しにくいことも多いので注意深く説明する。実験参加者が課題の進め方を理解したら，練習カードを用いて練習試行を実施する。練習試行が終了し，実験参加者が課題を十分に理解できていると確認できれば本試行へ

移る。本試行の開始前に，練習カードでは刺激は1行しかなかったが，実際の試行は複数行にわたるため，左から右に読み上げを進め，一番右まで来たら1行下の左から読み上げを続けるように教示する。

本試行では，試行開始の準備ができしだい，実験者は実験参加者に対して「準備はいいですか。用意……始め」と合図して課題を始めさせる。合図とともに，ストップウォッチによる時間計測と，発話の録音を行う。実験参加者が最後の刺激を読み終えたと同時にストップウォッチを止め，その後に録音を止める。ストップウォッチの時間を表 6.1 に記録したら次の条件の準備をする（時間は秒単位として四捨五入する）。

このような流れで4つの条件を実施する。条件と条件の間では30秒～1分程度休憩をとらせるようにする。各条件の実施順序は実験参加者ごとにランダムとする。

4つの条件が終了したら，実験者と実験参加者の役割を入れ替えてもう一度実験を実施する。内容は把握していても，各条件の開始時には必ず教示と練習を行うようにする。

6.3 結　果

6.3.1 整　理

録音したデータを確認し，各条件における誤答数を数えて記録用紙（表 6.1，表 6.2 の1行目）に記入する。個人の4つの条件の所要時間と誤答数が揃ったら，同じデータを15名分程度集め，表 6.1，表 6.2 を埋める。

6.3.2 分　析

結果の整理でまとめたデータについて，実験計画に基づいて刺激の種類と課題ごとに所要時間と誤答数について平均値と標準偏差を求める。これらの数値を用いて図もしくは表を作成する。レポートには表か図のどちらかのみを呈示すればよい。そのうえで刺激の種類と課題の条件によって所要時間と誤答数が異なるといえるのかどうかを確認するために，それぞれ2要因実験参加者内計

画の分散分析を実施する．それぞれの主効果を報告するとともに，交互作用が有意であった場合には，単純主効果検定を実施し，どの条件の間に有意な差がみられたのかについても報告する．

6.4　考察のポイント

結果から，文字読み上げ条件と色呼称条件のそれぞれで干渉がみられたといえるかどうかを確認する．とくに色呼称条件で干渉がみられれば，ストループ効果がみられたといえる．一方で，干渉の効果が文字読み上げ条件でみられた場合は逆ストループ効果がみられたといえる．両方の条件ないし片方の条件のみでみられたのであれば，それはどういった意味をもつのかについて，単語の処理と色の処理という観点から議論する．

6.5　課題の解説

6.5.1　ストループ効果とそのメカニズム

色に関する単語を読むよりも，色を呼称するほうが時間がかかるという現象自体はストループ（Stroop, 1935）の研究より前から報告されている（たとえば，Cattell, 1886）．ストループ以前の研究では，このような現象は練習の影響であったり，記憶の連合の影響によるものという説明がなされてきたりした．しかし，ストループは，本課題でも使用されているような色の単語と異なる印字色で書かれた刺激を用いて，経験によらない干渉について検討した．ストループの研究では，3つの実験が行われ，最初の実験（実験1）では，red, blue, green, brown, purple の5つの色を用いて本課題の①黒文字読み上げ条件と②色文字読み上げ条件にあたる課題を実施している．実験1では2つの条件の差は平均2.3秒であった．しかし，本課題の③色パッチ色呼称条件と④色文字色呼称条件に当たる課題を実施した実験2では2つの条件の差は平均47.0秒となり，色呼称において干渉の効果が大きくなることが示された．また，実験3では，8日間連続して課題を実施することによる影響を検討し，色呼称課題

では，初日の干渉量が平均49.6秒と実験2とほぼ同様であった。その後8日目の干渉量が平均32.8秒と減少はしているものの，その影響が練習によっても消えないことが示されている。

このように古くからその現象が知られ，多く研究の対象になっているストループ効果であるが，どういった段階で，どういった情報の処理に干渉が起こっているのか，その生起メカニズムは明確な結論は得られていない。いくつかの説明がなされているが，その中の一つに色を呼称するという反応の段階で単語の読みが干渉を引き起こすという説明がある。

音読をするときには，書かれた文字を見ながら発音をする。また，音を出さなくとも，頭の中で発音しながら黙読することもある。このように，字を見ることによって，その読みを認識することは多い。これによって単語からその音（おん）の処理は半ば自動的に速くできるようになっていると考えられる。一方で，単語の印字色を読み取り，その色を呼称するという作業は日常では少なく，ある程度の努力が必要だろう。そのような前提で色呼称課題を実施すると，インクの色を認識し，その色名を発話しようとする際に，自動的に処理された色単語の発音が，発話しようとする内容（色名）と競合することによってストループ効果が起こるというのである。反対に，読み上げ課題では，自動的に処理される単語の発音が先行し，無視すべき色の呼称は労力が必要なこともあり，単語の発音にはほとんど影響を与えないのだという説明である。

このような説明は反応競合説として知られる。反応競合説は，呈示された色文字の意味（文字が示す色）を選択肢から選択する課題（マッチング課題）を実施したときにみられる逆ストループ効果（黒文字の意味を選択肢から選ぶよりも，色文字において文字が示す色を選択肢から選択するほうが時間がかかる現象）もある程度説明できるとされる。

6.5.2 さまざまな干渉効果

刺激の中に含まれるさまざまな属性が干渉し合う現象はストループ効果以外にも多く存在している。

ストループ課題と類似したものに，色文字の色を回答する課題において，単

語の意味が色の名前ではなく，情動を喚起するような単語（たとえば，強盗）を呈示した場合，情動とは関連しないような中立語（たとえば，小麦）を出したときよりも反応が遅くなる情動ストループ効果がある。この現象は不安や恐怖感について調べるためにも使われ，臨床現場でも応用されている。

　色以外の属性でも干渉現象がみられる。たとえば，画面の左右に2つの数字が呈示され，数が大きいほうを答えるときに，数の大きさと文字の大きさが一致する場合（たとえば，2と8が出た場合に，8のほうが印字サイズが大きい）よりも，一致していない場合（2と8が出た場合に，2のほうが印字サイズが大きい）と回答が遅くなるという現象がある（Besner & Coltheart, 1979）。

　これらの現象は呈示される刺激の中に干渉を引き起こす要素があるといえるが，ほかにも呈示された刺激の位置と，反応に必要なボタンの位置が課題設定上では無関連であっても，両者が近いときのほうが，離れているときよりも反応が速いといった現象（刺激反応適合性効果とかサイモン効果とよばれる）がある（たとえば Craft & Simon, 1970）。

　これらの現象の生起メカニズムは同一ではないと考えられるが，いずれも2つ以上の属性が干渉していると考えられ，ストループ様効果としてまとめられることもある。

● 発 展 課 題

1. 本課題では日本語刺激のみを用いて実施した。しかし，日本語母語話者を対象にした場合，接する回数が少ないと考えられる外国語の刺激を用いたらどうなるか考えてみよう。
2. 6.5 の解説で述べたように，同じ刺激を用いても課題を換えると逆ストループ効果がみられることがある。実際に課題を換えて実施することで逆ストループ効果がみられるか調べてみよう。

● 参 考 図 書

嶋田 博行（1994）．ストループ効果──認知心理学からのアプローチ──　培風館
　ストループ効果に関するそれまでの研究について詳細にレビューがなされている

ことに加えて，その生起メカニズムについて実験的検討を示し，新たなモデルを呈示している。

石王 敦子（1998）．ストループ干渉に関する認知心理学的研究　風間書房
　嶋田（1994）と同様に，前半でストループ効果に関するそれまでの研究についてレビューがなされている。後半では線画と音声を用いたストループ様効果について実験的検討を行っている。

7 系列位置効果

　本章では，人間の記憶機能における系列位置効果に関する心理学実験を体験する。認知心理学では，記憶は，単一の機能をもつ仕組みではなく，多様な機能が複合したものと考えており，大きく短期記憶と長期記憶の2つの機能に分類されている。認知心理学の初期的な研究において，短期記憶と長期記憶の機能の違いを証明するための証拠として，本課題のテーマである系列位置効果が用いられた。ここでは，日本語の単語を記憶の材料に用い，記憶に関する実験の基礎的方法を知るとともに，短期記憶と長期記憶の特性について考察しよう。

第 7 章　系列位置効果

7.1　背景と目的

　普段私たちは，記憶の働きについて，とくに意識することなく日常生活を送っている。たとえば，友人から電話番号や WEB アドレスを教えてもらい，それをどこかに入力したりメモしたりするまでのほんの数秒，その内容を覚えておくことができる。また，自分の電話番号やよく利用する電車の発車時刻など，とくに覚えておく努力をしなくても思い出すことができる記憶もある。一方で，熱心にテスト勉強をして，テスト範囲の内容を全て記憶したつもりでも，当日になると忘れてしまうことも多い。このように記憶といっても，さまざまな働きがある。

　認知心理学における研究によって，記憶は複数の異なる機能の複合体であることが確かめられている。その機能の分類には諸説あるが，大きく短期記憶と長期記憶に二分する分類法が支持されている。本課題の大きな目的は，短期記憶と長期記憶の特性の違いを明らかにすることである。

　記憶の過程は，符号化（記銘）→貯蔵（保持）→検索（想起）の 3 段階であり，それぞれの段階において，記憶機能による特性の違いがある（用語の意味は 7.5.3 を参照）。しかし，内的な過程である記憶の機能は，直接的には観察できないため，単に記憶する材料を覚えてもらい，それを思い出してもらうだけでは，記憶の過程の特性を明らかにすることは難しい。そのため，符号化（記銘）するための方法や貯蔵（保持）した情報を検索（想起）するための方法に工夫が行われている。

　本章では，記憶の実験法でよく用いられてきた「複数の材料をリストにして符号化（記銘）し，自由再生によって検索（想起）する方法」を用いて記憶の機能的特徴を検討する（符号化，自由再生の意味は 7.5.3 および 7.5.4 を参照）。この記憶の実験方法では，記憶すべき材料を順番に 1 つずつ記銘していき，リスト全てを記銘し終わった直後に，呈示順にかかわらず覚えているものを思いつくままに再生する。すると，材料が呈示された順番（リスト上の位置：系列位置）によって正再生率（正しく再生できた割合）が異なる結果が得られる。その特徴は，リストの始めのほうと終わりのほうに呈示される材料の正再

7.1 背景と目的

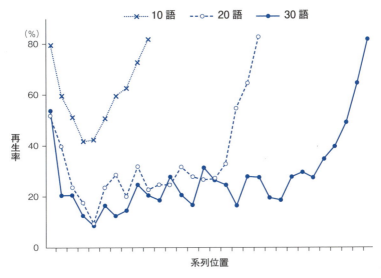

図7.1　系列位置効果の例（Postman & Phillips, 1965, p.135, FIGURE 1 をもとに作成）

生率が高くなり，中間的な位置の材料の正再生率は低くなるという傾向を示す。系列位置と正再生率の関係をグラフ化すると**図7.1**のようになる（系列位置曲線）。リストの初めのほうの項目の再生率が高い現象は**初頭性効果**（primacy effect），リストの最後のほうの項目の再生率が高い現象は**新近性効果**（recency effect）という。この現象は古くから知られており，この現象の全体を**系列位置効果**（serial position effect）とよぶ（Murdock, 1962 など）。本章の第1の目的は，同様の記憶課題を実施したときに系列位置効果が得られるのか，まずは追試し，確認することにある。

それでは，初頭性効果と新近性効果はどうして生じるのであろうか。これが本章の第2の目的である。いくつかの研究で初頭性効果や新近性効果に影響がある要因が明らかになっている。たとえば，記憶材料のリストを呈示し終わった後に10〜30秒程度の間，数字をカウントするなどの作業を挿入してから再生させると，初頭性効果は残るが，新近性効果は消失することが知られている（Glanzer & Cunitz, 1966; Postman & Phillips, 1965）。また，1つずつの記憶材料の呈示間隔を長くすると初頭性効果が高まり，新近性効果には影響

がない（Glanzer & Cunitz, 1966）。初期の認知心理学における有力な記憶モデルである「**記憶の多重貯蔵モデル**（multi-store model）」では，記憶システムは，感覚情報を貯蔵する「感覚記憶」において注意を向けた情報が，次に数秒程度の記憶機能である「短期記憶」に転送される。短期記憶は，数秒〜十数秒程度で情報が消滅するが，情報を機械的に反復することによる**維持リハーサル**（maintenance rehearsal）によって情報を維持することができる。一方で，短期記憶内の情報は，意味的処理などのより高次な処理を含む**精緻化リハーサル**（elaborative rehearsal）を行うことで，長期記憶に転送されると考えられており（Atkinson & Shiffrin, 1968），このモデルが系列位置効果を考察するうえでの有力な理論となっている

本章では，単語を記憶材料として，複数の単語を順番に1つずつ視覚的に呈示し記銘する課題を用いる。全ての単語を記銘した後，自由再生によって想起することによって生じる系列位置効果をまず検証する。また，維持リハーサルに対する妨害課題を挿入することによる新近性効果への効果を検討する。

7.2 方　法

7.2.1 実験材料

記憶課題において単語を記憶材料に用いる場合には，単語の属性が課題の成績に影響を与える。まず，単語をひらがな，カタカナ，漢字のいずれの表記とするかを決める必要がある。本章の課題では，意味的な理解がしやすいように漢字2文字の単語を使用することとする。また，単語の記憶課題では，よく目にする単語（頻度，親近性），抽象性が高い単語よりも具体的な事物を指す単語（具象性），イメージしやすい単語（心像性）などは，記憶の成績を促進することが知られている。単語の属性の違いによって記憶課題の成績に差が生じないように，これらの要因を可能な限り統制する必要がある。認知心理学的研究において単語を用いるときには，単語の属性に関する先行研究による語彙特性データ（ベース）を参照し，一定の特性の範囲内の単語を選択することが多い（漢字2字単語のデータベースについては章末の参考図書を参照）。

また，リストを構成する単語間の関係については，それぞれが属する意味的カテゴリに配慮する必要がある．全て同じカテゴリ語で構成する，またはいくつかのカテゴリ語で構成すると，そのことが記憶課題の成績に影響を及ぼし，系列位置効果に影響を与える可能性がある．本章の課題では，リストを構成する単語は異なる意味的カテゴリから選択されていることが望ましい．

さらに，1試行（1回の記憶課題）で用いる単語の個数を決定する必要がある．先行研究では10～30語程度であるが，記憶すべき単語の個数が多くなると実験参加者の負担が高まるため，本章の課題では15個とする．ただし，1回の試行（15語の記憶課題）では誤差が生じる可能性があるため，単語リストを3種類作成し，3回の試行を実施し，その平均を分析に用いることとする．したがって，単語は45語準備する必要がある．クラス内で実験を実施する場合には，実験参加者となるときに記憶課題に出現する単語は未知のものであることが必要である．指導教員は参照するデータベースから，一定の基準に合致する50語程度以上のセットを2つ以上作成しておくことで，実験者として取り扱わなかったセットから作成された記憶課題に実験参加できるように配慮しなければならない．

7.2.2 実験計画

従属変数は，記憶課題における単語ごとの正再生率である．独立変数は，第1に系列位置であり，1～15番目の系列内での位置による正再生率の平均値の差を検討する必要がある．しかし，各系列位置による正再生率のばらつきが生じるため，1～5番目を前位置条件，6～10番目は中位置条件，11～15番目を後位置条件として，3つの水準にまとめて，それぞれの平均正再生率を統計的に比較するとよい．第2に，維持リハーサルの妨害課題の有無を独立変数とする．妨害課題がない条件は，単語リストの呈示終了直後に再生を行うので「直後再生条件」とよぶ．妨害課題がある条件では，単語リストの呈示後，再生までの遅延時間を設け，その間に維持リハーサルの妨害課題を行うため，「遅延再生条件」とよぶ．妨害課題の有無による条件は，実験参加者間配置の要因とする．

以上をまとめると，実験参加者間1要因（妨害課題の有無：直後再生条件・遅延再生条件の2水準）×実験参加者内1要因（系列位置の前位置条件・中位置条件・後位置条件：3水準）の実験計画となり，分散分析を実施する際には，2要因混合計画分散分析を用いる必要がある。

7.2.3 実験器具

実験における刺激呈示には，コンピュータを用いると，単語の呈示時間の精度の管理が容易である。心理学実験用の専用ソフトウエアを使用してもよいが，本章の課題では刺激の呈示を秒単位の時間管理で行うことができれば十分であり，Microsoft PowerPoint 等のプレゼンテーション用ソフトウエアでも十分実施可能である。なお，コンピュータの使用ができない場合には，1単語ごとに1枚のカードに印刷して，カードを1枚ずつ見せる方法で呈示してもよい。ただし，1単語あたりの呈示時間に十分に配慮しながら呈示を行わなければならない。各試行の最後の単語の後には，直後再生条件，遅延再生条件にそれぞれ従い，課題を示す呈示画面（カード）を用意しておく。記銘した単語の再生は，記録用紙を準備し，実験参加者に記入を求めることで行う。

7.2.4 手続き

実験は2名がペアとなり，1名を実験者，1名を実験参加者として個別に実施する。実験参加者は，直後再生条件と遅延再生条件に半分ずつ割り当てる（ペアの1名が直後再生条件，もう1名が遅延再生条件とするとよい）。1試行は，15単語で構成する単語リストを1語ずつ順番に呈示しながら実験参加者に記銘させ，全ての単語を呈示し終わったあとに直後再生条件または遅延再生条件に応じた課題および単語の自由再生を行う。

各単語の呈示時間は1秒とし，その後1秒の間隔をあけて，次の単語を呈示していく。試行内の単語の呈示順はランダムとすることが望ましいので，実験者は担当する実験参加者の人数分，順番を変えた単語リストを作成しておくとよい。1名の実験参加者には，3試行を実施する。3種の単語リストの順番はランダムとする。

7.2 方　　法

　直後再生条件では，単語の呈示終了後，直ちに再生を行う。遅延再生課題では，単語の呈示終了後，3桁の数字が呈示され，その数字から3を引き，さらにその答えから3を引くというように順番に3ずつ引き算をしていく課題を30秒間挿入し，その後単語の再生を行う。記憶した単語の再生は，覚えている単語を思いつくままに記録用紙に記入することで行う。記入時間は1分間として，記録用紙は表7.1のような様式を準備する。1つの試行が終了したら，試行間間隔を30秒あける。その間に新たな記録用紙を準備し，3試行を繰り返す。

　実験を開始する際には，実験者は記録用紙をセットして，着座した実験参加者に対して，次のような教示をする。

　直後再生条件：「これからスクリーンに，1つずつ単語を呈示していきますので，声に出して読み，覚えてください。単語の呈示が終了すると「？」マークが呈示されますので，直ちに覚えた単語を思い出した順に全て記録用紙に記入してください」。

　遅延再生条件：「これからスクリーンに，1つずつ単語を呈示していきますので，声に出して読み，覚えてください。単語の呈示が終了すると，数字が呈示されますので，そこから3を引いて，その答えからさらに3を引くというように順番に3の引き算をしていってください。1秒間に1回程度の計算で構いません。実験者が合図をしたら，直ちに覚えた単語を思い出した順に全て記録用紙に記入してください」。

　実験終了後，実験者は実験参加者に対して内省報告を求める。ここでは，実験全体の印象だけでなく，覚えやすい単語があったか報告を求めるとよい。

表 7.1 記録用紙の例（系列位置効果）

系列位置効果　実験記録用紙　　　　　　　　　　年　　月　　日
〈　直後　・　遅延　〉
ID：　　　　　　　　性別：　　　　　　　年齢：

実験参加者記入欄　　　　　　　　　　実験者記入欄

覚えた単語を思い出した順に記入してください		系列位置ごとの単語	再生順	正答数
	1			
	2			
	3			
	4			
	5			
	6			
	7			
	8			
	9			
	10			
	11			
	12			
	13			
	14			
	15			

注：実際に使用する用紙では実験者記入欄の各表題は省いたほうがよい。

正答
誤答

7.3 結　果

7.3.1 データの整理

　自分が実験者となった実験の記録用紙（3試行＝3枚）について，系列位置ごとの正答の単語を記入し，実験参加者の自由再生の結果から，再生した順番を記入していく。また，前位置，中位置，後位置ごとに正答数を数えて記入し，試行全体の正答数と誤答数も記入しておく。その後，1名の実験参加者3試行分の合計正答数（系列位置ごと，前・中・後位置ごと）を加算して記入し，正再生率を求めておく。実験参加者ごとの，3試行合計の前・中・後位置ごとの正再生率を分散分析用の個人データとする。

7.3.2 分　析

　結果の整理でまとめたデータについて，直後再生条件，遅延再生条件別に①15の系列位置ごとの平均正再生率を求め，横軸を系列位置，縦軸を平均正再生率とした折れ線グラフを作図して，両条件の系列位置曲線を作図し比較する。②直後再生条件，遅延再生条件別に，前位置・中位置・後位置の5試行ごとにまとめた場合の平均正再生率および標準偏差を算出し，表にするとともに，①と同様の折れ線グラフを作図する。また，妨害条件（実験参加者間要因：直後再生条件，遅延再生条件）×系列位置（実験参加者内要因：前・中・後位置）の2要因混合計画分散分析を行う。

7.4 考察のポイント

　7.3.2で作成した①②のグラフから，まずは，過去の研究どおりに系列位置効果が得られたかどうかを検討する。次に，維持リハーサルへの妨害課題の有無による初頭性効果による正再生率，中間位置の正再生率，新近性効果による正再生率への影響について検討する。また，分散分析の結果からより厳密に妨害課題の有無の効果を明らかにする。

　また，その結果とアトキンソンとシフリンの多重貯蔵モデルを前提とした場

合に，初頭性効果と新近性効果の特性と短期記憶と長期記憶の記憶機能の特徴について考察する。さらに考察を深めたい場合には 7.5.5 を参照のこと。

7.5 課題の解説

7.5.1 エビングハウスの記憶研究

記憶について科学的研究を創始したのはエビングハウス（Ebbinghaus, H., 1850-1909）である。その研究方法の特徴は，既存の記憶に影響を受けないように無意味綴りのリストを記銘する課題を用い，実体が明確でない記憶の特性を測定によって明らかにしたことにある。エビングハウスの研究は，その後の記憶研究に大きな影響を与え，本章で用いられているような記憶材料のリストを記憶する課題が記憶研究では多用されてきた。その後，心理学は行動主義の時代を迎え，記憶に関する研究は動物に対する学習研究の成果が中心となり，記憶のメカニズムについての研究は 1950 年代以降，認知心理学の時代を迎えることによって盛んに行われるようになった。たとえば，ミラー（Miller, G. A., 1920-2012）は，短期記憶について「**不思議な数字 7 ± 2**（Magical number seven, plus or minus two）」として，7 個程度の容量制限があることを発表し，これが認知心理学時代の幕開けの一つとなった。

7.5.2 記憶機能の区分

認知心理学では，記憶は異なる機能の複合だと考えられており，その機能の分類については，まず感覚記憶，短期記憶，長期記憶に分類されている。感覚記憶は，視覚や聴覚の感覚情報をそのまま 1～2 秒程度保持しておく記憶である。短期記憶は容量制限があり，ほんの短い時間だけ保持しておくことが可能な記憶である。言語情報に関する短期記憶は，音響的な記憶であり，維持リハーサルによって保持し続けることが可能である。そのため維持リハーサルを妨害されると急速に情報が消滅する。このような短期記憶の特性を裏づける研究としては，本章の課題のような系列位置効果を用いたもののほかに，妨害課題によって短期記憶の減衰を測定する方法がある（ブラウン・ピーターソン・

パラダイム)。この方法では，短期記憶として十分に保持可能な数項目の記憶課題の後に時間を変化させた妨害課題を挿入することによって短期記憶における忘却特性を明らかにしており，数秒の間にほとんどの情報が忘却されることが示されている (Brown, 1958; Peterson & Peterson, 1959)。短期記憶は，現在では，認知的活動の中途で用いられている情報の一時保存や書き換えの仕組みをもつ**ワーキングメモリ**（working memory）として，概念が拡張されている。

長期記憶は，大きく宣言的記憶（陳述記憶）と非宣言的記憶（非陳述記憶）に分類されている。非宣言的記憶の代表例は技能の記憶（手続き記憶）である。宣言的記憶は，言語的な記憶であり，経験や出来事に関する記憶で，符号化（記銘）したときの時間や空間の情報が検索時にともなう「エピソード記憶」と知識や言語の記憶であり符号化（記銘）したときの時間や空間の情報が検索時にともなわない「意味記憶」に分類されている。単語リストを記銘する課題は，一見単語の意味を記憶しているように感じるが，たとえば「ミカン」という単語が呈示されて，それを記銘するということは，この実験場面において「ミカン」という単語を見たという経験（エピソード）を記憶しているということであり，エピソード記憶に分類される。したがって，初頭性効果について考察するときには，エピソード記憶の特性を考慮することが必要である。

7.5.3　記憶の過程

7.1 で説明したように，記憶の過程は，符号化（記銘）→貯蔵（保持）→検索（想起）の 3 段階に分解されるが，かつては，括弧内に記述した記銘→保持→想起という語が用いられていた。これは，本章の課題でも用いているように，記憶する材料を呈示して，注意を集中して覚えさせ（記銘する），それを忘れない努力を最大限行い（保持する），思い出す（想起する），という手法に由来している。しかし，認知心理学の発展により，日常の記憶現象に関心が向けられるようになり，7.5.2 で述べたようにエピソード記憶の概念が提案された。エピソード記憶の本質は，実験室で単語を記銘，保持，想起することではなく，日常の中で，たとえば「昨日の晩御飯」について，翌日に思い出せると

いうことにある。昨日の晩御飯の際に記銘したわけではないし，その後にその内容を努力して保持したわけではない。また，想起についても，意図的に思い出そうとしたわけではなく，自然に思い出されることも多い。そこで，符号化（現実世界の情報を記憶に適した情報に変換すること），貯蔵（意図的な保持ではなく，経験が半ば自動的に保存される），検索（貯蔵された多様な経験に関する記憶から必要なものが選択される）という用語が使われるようになっている。本章では，意図的な行動については記銘・保持・想起という語を用いているが，レポートにおいて理論的な考察を行う際には符号化・貯蔵・検索という語を使用することをお勧めする。

7.5.4　記憶実験における検索（想起）の方法

記憶実験において貯蔵（保持）された内容を直接的に確かめる方法としては，主として再生と再認という方法が用いられている。再生とは，貯蔵された情報をそのまま再現する方法であり，本章の課題で用いられたように思いついたままに再生する方法を「自由再生法」という。その他にも，符号化（記銘）した順番に従って再生する「系列再生法」，検索の際に手がかりを呈示しその手がかりに応じた内容を再生する「手がかり再生法」などがある。再認とは，符号化終了後に，他の情報と照らし合わせて，貯蔵された情報であるか，そうでないか判断を行う方法である。一般的には，符号化時に用いた材料とそうではない新規の材料を混在したリストを作成し，その中から貯蔵されている情報を選択する方法が用いられる。

7.5.5　多重貯蔵モデルの課題

系列位置効果については，7.1 で述べたようにアトキンソンとシフリンの記憶の多重貯蔵モデルを背景にして考察されていた。しかし，単語を順番に記銘するたびにその後に妨害課題を挟む課題にして，最後の妨害課題の後に自由再生を行うと新近性効果が生じることが示された（連続妨害課題法）。この現象は，長期新近性効果（long-term recency effect）とよばれており，維持リハーサルを許していないにもかかわらず，新近性効果が出現することは多重貯蔵モ

デルでは説明ができないため，他の説明理論も提案されている（佐藤，1988など）。

●発 展 課 題

1. 記銘する単語（15語）を3つのカテゴリから5語ずつ集めてリストを構成したら，自由再生の順番はどうなるだろうか。また，その場合に系列位置曲線はどうなるか考えてみよう。
2. 記銘した単語リストには存在しないのに再生された単語はあるだろうか。それはどのような単語なのか考えてみよう。
3. 記銘する単語数を短期記憶で十分に保持可能な6項目程度にしたら，系列位置曲線はどうなるか考えてみよう。
4. 7.5.5に示した長期新近性効果の結果からは，系列位置効果についてどのような説明が可能なのか考えてみよう。

●参 考 図 書

本章の課題の記憶材料とする単語は，たとえば下記の文献を参照して，各基準の一定の範囲内から選定することが望ましい。

天野 成昭・近藤 公久（2000）．NTTデータベースシリーズ 日本語の語彙特性 第7巻 頻度①② CD-ROM 版 三省堂

五島 史子・太田 信夫（2001）．漢字二字熟語における感情価の調査 筑波大学心理学研究, *23*, 45-52.

巌島 行雄・石原 治・永田 優子・小池 庸生（1991）．漢字二字名詞600語の諸属性調査――心像性, 具象性, 学習容易性―― 日本大学心理学研究, *12*, 1-19.

小川 嗣夫・稲村 義貞（1974）．言語材料の諸属性の検討――名詞の心像性，具象性，有意味度および学習容易性―― 心理学研究, *44*, 317-327.

記憶の研究や理論については下記の文献等を参照するとよい。

服部 雅史・小島 治幸・北神 慎司（2015）．基礎から学ぶ認知心理学――人間の認識の不思議―― 有斐閣

認知心理学全般について，基礎的な理論についてわかりやすく説明されている。

仲 真紀子（2005）．認知心理学の新しいかたち 誠信書房

近年の認知心理学的研究で取り扱われている日常生活における認知や記憶についての研究や知見が幅広く紹介されている。

パーソナル・スペース

　満員の電車やバスの中で，他者にこれ以上近づいてほしくない，と思ったことはないだろうか。それは，私たちが知らず知らずのうちに他者との間につくった空間に，他者が踏み込んだと感じるからである。しかし，この空間の大きさは常に一定というわけではなく，さまざまな条件のもとで変化する。本章ではこの空間の大きさを数値化する方法を学び，人が他者との間につくられる空間をどのように利用するのか，その特徴をみていこう。

8.1 背景と目的

　私たちは他者との間に適切な距離や空間を保って生活しており，この中に他者が入り込むと不快に感じたり，気まずさを覚えたりする。たとえば，教室で授業を受けるとき，私たちは隣の人とある程度離れた場所に座ることが多い。そして隣の人と一定の距離が保たれていれば不快感は生じないが，突然，見知らぬ他者が自分の真横に座ると不快に感じたりする。このように，他者との間に知らず知らずのうちにつくられる空間を，ソマー（Sommer, 1969 穐山訳 1972）は**パーソナル・スペース**（personal space; 以下，PS）とよんだ。PS は「心理的なわばり」とよばれることもあり，動物行動学に概念的ルーツをもつ。ただし，動物行動学でいう「なわばり」の境界線は他者に見え，比較的移動が少ないのに対して，PS の境界は目に見えず，個人を中心にして形成されるため，個人が移動すれば PS も移動する（Sommer, 1959）。したがって，PS とは目に見えない境界線で囲まれており，他者が入り込むと不快感が生じる空間と定義される（Sommer, 1969 穐山訳 1972）。

　PS は私たちの周りにどのように広がっているのだろうか。先述したとおり，PS は自分を中心として形成されるが，同心円状に広がっているわけではない。方向によって大きさが変化し，その大きさには性差があることも知られている（青野，1981; Horowitz, Duff, & Stratton, 1964）。そして，PS の大きさは常に一定ではなく，自分に接近する相手の性別が同性か異性かによって異なることもわかっている（菊沢，1984）。

　では，PS の大きさはどのように測定すればよいだろうか。一つの測定方法は，他者とそれ以上近づいたら不快を感じたり，気づまりに感じたりする物理的距離を身体の前後左右で測るというものである。私たちが自然に他者との間にとる対人距離，すなわち生態学的妥当性が高い対人距離の測定方法には**自然観察法**（natural observation）がある。これは日常生活場面で，自らの行動が記録されているとは知らない一般の人々を観察し，対人距離を測る方法である。最初期の PS 研究では，病院の食堂で会話する二者の座席位置関係を観察し，記録することで研究が行われた（Sommer, 1959）。ただし，自然観察法に

は生態学的妥当性が高いデータが測定できるといった長所がある一方で，実験参加者の年齢や性別といった要因の統制や，物理的な距離を測ることが難しいという短所がある。そのため，近年ではさまざまな要因が統制可能な**停止距離法**（stop distance method）がPS研究では多く使われている（青野，1981；田中，1973；吉田・堀，1989）。停止距離法では，実験参加者を所定の位置に立たせ，実験協力者が実験参加者に向かって接近する。このとき，実験参加者は，これ以上実験協力者に近づかれたら気づまりであると感じた位置を報告し，実験者はその時点での両者の距離を測定する。そしてこの距離を前後左右で測定し，気づまりと感じた時点が対人距離，この点を線で結んだ内側の空間が実験参加者のPSとなる。

本章の目的は，PSの大きさと形状に影響する要因について，停止距離法を用いて調べることとする。具体的には，接近される（する）方向による違いと，自分が相手に近づくのか，相手が近づいてくるのかの違い，そして，自分と他者の性別の違いがPSの大きさと形状に及ぼす影響を検討する。

8.2　方　　法

8.2.1　実験計画

本章の課題では，接近される（する）前後左右の4つの接近方向と，実験参加者が近づかれる，あるいは近づく接近方法，接近される（する）相手が同性か異性かといった性別を独立変数とし，全ての条件を全実験参加者が経験する。したがって実験計画は，接近方向4（前後左右）×接近方法2（他者接近対自己接近）×性別2（同性対異性）の3要因実験参加者内計画となる。従属変数は停止距離法を用いて測定する実験参加者と実験協力者の間の距離（cm）である。

8.2.2　実験グループの編成

実験は4〜6名程度の偶数人数のグループで実施するとよい。このとき，できる限り男女が同じ人数になるようにする。そしてグループから2名を実験者

として選出し，選出された者は教示係，記録係のいずれかを担当する。残りが実験参加者となる。本課題では実験参加者に近づいたり，近づかれたりする実験協力者も必要となるが，これは実験参加者が交代で行う。また，実験計画上，実験協力者が実験参加者に対して同性あるいは異性となる必要も生じるが，これについても他の実験参加者が必要に応じて交代し，行うようにする。

8.2.3 実験器具
記録用紙（表8.1），筆記用具，巻尺，ビニールテープを用意する。

8.2.4 実験準備
実験は半径300cm程度の場所が確保できる教室などで実施する。実験場所の中心にビニールテープで「×」印をつけ，これを中心として前後左右4方向（90度間隔）に300cmのビニールテープを床に貼る（図8.1）。「×」印は実験参加者と実験協力者に近づかれる被接近者の立ち位置である。実験参加者に近づく接近者は，「×」印と反対側のビニールテープの端を接近開始地点とする。

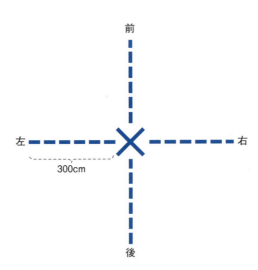

図8.1　パーソナル・スペースを測定する方向と被接近者の立ち位置

8.2 方　　法

表 8.1 記録用紙の例（パーソナル・スペース）

ID	性別	年齢	他者接近条件							自己接近条件						
			同性			異性			同性			異性		
			前	後	右	左	前	後	右	左	前	後	右	左
1														
2														
3														
4														
5														
6														
7														
8														
9														
10														
平均値														
標準偏差														

※単位は cm で記入すること。

8.2.5 手続き

　被接近者を「×」印のところに立たせ，接近者を前後左右いずれかの方向の接近開始地点に立たせたら，教示係は全ての条件の実験参加者に対して，次のように実験目的を教示する。「この実験では，他者に対してどのくらいの距離をとっていれば，気づまりな感じを受けないかを調べます」。そしてこの教示に続けて，接近方向，接近方法それぞれの条件に応じた教示を，以下のように行う。自己接近条件では「あなたには今立っている場所から相手（実験協力者）が立っている方向に歩いてもらいます。その際に，近づきすぎて気づまりだとか，落ち着かない，あるいは嫌な感じだと感じ始めたところで止まってください。一度止まった後で，近寄りすぎているとか，もう少し近寄ってもよいと感じたら，止まった位置を変更してもかまいません」と教示する。他者接近条件では「今から，あなたの前（後ろ／左／右）からあなたに向かって人が近づいてきます。その際に，近づきすぎて気づまりだとか，落ち着かない，あるいは嫌な感じだと感じ始めたところで"はい"と合図してください。そうすれば相手は止まります。一度止まった後で，相手が近寄りすぎているとか，もう少し近寄ってもよいと感じたら，止まった位置を変更してもらってください」と教示する。接近者には普段歩く速度でゆっくりと近づくこと，足音も自然な状態で接近するよう教示する。そして，前方からの接近条件では接近者と被接近者はともにアイコンタクトをとってから近づくようにする。

　教示後，教示係の合図で接近者は被接近者に近づき，接近者が止まったところで記録係が巻尺で距離の計測を行う。計測は接近者のつま先から「×」印までの距離を測定し，記録用紙（表 8.1）に cm を記入する。なお，後ろから接近する場合，接近者が近づきすぎたことに被接近者が気づかないこともあるだろう。その場合，手を伸ばせば触れることができる距離まで近づいたら被接近者に声をかけ，近づいたことを知らせて停止するよう，接近者にはあらかじめ教示しておく。この場合の二者間の距離は 0cm となる。

　以上の手続きで接近者と被接近者の性別が同性と異性の条件，4 方向全ての条件での対人距離をランダムに測定する。

8.3 結　果

8.3.1 整　理

　自分が所属するグループのデータと，他グループのデータを合わせたものを分析用のデータとする．10名以上のデータがあるとよい．表8.1 を参考に各実験参加者のデータを 1 つの記録用紙に取りまとめ，接近方向，接近方法，性別の条件ごとに平均値と標準偏差を求める．そして図 8.2 を参考に，各方向の対人距離の平均値を条件ごとにプロットし，PS を作図してみよう．

8.3.2 分　析

　接近方向，接近方法，性別の 3 つの要因について，3 要因実験参加者内計画の分散分析を実施する．接近方向の要因について主効果が有意である場合には多重比較を行う．また，交互作用が有意である場合には，単純主効果検定を実施する．

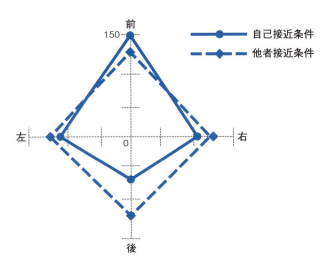

図 8.2　各方向における対人距離をプロットした例

8.4 考察のポイント

考察は算出した各条件の平均値，分散分析の結果に基づいて行う。次のポイントに注目して考察するとよいだろう。①接近方法，性別それぞれの条件ごとに，PSがどのような形状になったのか検討し，なぜそのような形状になったのかを考察する。②分散分析で交互作用がみられた場合，それが何を意味するのかを考察する。③4方向の対人距離について各条件間（接近方法，性別）で比較し，違いがみられたのか，あるいはみられなかったのかを確認する。そして，違いがみられた（みられなかった）理由について考察してみよう。

8.5 課題の解説

8.5.1 PSの大きさに影響する要因

PSの大きさに影響する要因については膨大な研究があり，年齢，身長といった個人差だけでなく，文化差，部屋の天井の高さなどの環境要因もPSの大きさに影響することがわかっている（レビューとしてSommer, 2003）。本実験で検討した3つの要因，接近方向，接近方法，性別についても検討が行われている。接近方向や性別を比較した研究によれば，一般的にPSは身体の前面に広く，背面は狭いこと，男性は女性よりも大きなPSをとる傾向があることがわかっている（青野，1981; Horowitz et al., 1964）。また，接近相手の性別の違いがPSの大きさに影響するかどうかを調べた菊沢（1984）の研究によれば，女性が同性に対してとる対人距離が最も小さく，異性に対してとる距離が最も大きい。男性の場合は異性同性両方に対してとられる対人距離に差はなかった。接近方法については，自分が相手に接近したほうがPSは大きいという研究と，相手が接近したほうがPSは大きいという研究が共存しており，一貫していない（青野，2003）。

このようにさまざまな要因が個別に検討され，PSに影響することが示されているが，要因同士の交互作用も検討する必要があるだろう。ホール（Hall, 1966 日高・佐藤訳1970）はPSを規定する対人距離に影響を及ぼす要因は単

一的なものではなく，他者との親密度や状況の相互作用によって変化すると指摘し，対人距離を4つに大分した。それらは，至近距離（45cm 以内），個人距離（45〜120cm），社会的距離（120〜370cm），公衆距離（370cm 以上）である。至近距離は，親しい間柄にある者同士が，愛情表現をしたり，打ち解けたやりとりをしたりする距離であり，個人距離は友人や知人という間柄で個人的な会話をする場合や，親しくない者同士で儀礼的な交歓をするときにとられる距離，社会距離は個人的ではない会話や，仕事や社交上の対話をする場合においてとられる距離，公衆距離は講義などの一方的なコミュニケーションが行われる場合にとられる距離としている。

日本では西出（1985）が日本人の対人距離のとり方について，区分を行っている。これによれば，日本人が知り合いと距離をとる場合，1.5m 程度だと近すぎで気づまりだと感じ，0.5m くらいにまで近づくとすぐに離れたいと感じる。これをホール（Hall, 1966 日高・佐藤訳 1970）の区分と合わせて考えてみると，人が対面で気づまりだと感じ始める対人距離は 1.5m 前後と考えられ，これより近い距離でのコミュニケーションは，相手との親密度が高くない限り忌避される傾向にあるといえよう。

PS の特徴を知ることは，さまざまな他者が存在する環境で私たちが快適に過ごすための手がかりになる。たとえば PS の研究は，精神病院に入院する患者の生活環境を向上させるために，個人間の適切な空間を調査することから始まり（Sommer & Ross, 1958），現在ではプライバシーに配慮した空間デザインの設計や，建築計画を考えるうえで必要な知見の一つとなっている（飯塚, 2005; 内藤・橋本・日色・藤田, 2010）。PS の存在は，他者がこの空間に踏み込むまであまり意識されないものだが，都市部のように人が密集する場所では他者が PS に入り込みやすく，ストレスを感じることも多い。このように他者との距離が近くて不快感を覚えるような場所では，単に空間の広さを確保するだけでなく，人の PS に配慮した空間デザインを考える必要があるだろう。

8.5.2 PS の役割

なぜ人は他者との間に PS をつくるのか，その理由を説明する理論は複数あ

るが，ここでは社会心理学に基づくスコット（Scott, 1993）の理論を紹介する。彼女によれば，PS の主な役割は，他者からの過剰な刺激や脅威から個人を守る緩衝帯としての機能である。他者からの刺激というのは，平たくいえば他者の存在感のことを指しており，この強さの程度は他者の刺激価という言葉で表される。つまり，大きすぎる他者の刺激価から自己を守るために私たちは他者から距離をとり，PS を形成しているという。

　他者の刺激価という概念を用いれば，PS の大きさが方向によって異なる理由が説明できる。PS は先述したとおり，一般的に前方に広く，後方に狭い。前方は他者と向かい合うことになるため，相手の顔がよく見え，視覚的接触（アイコンタクト）が生じやすい。田中（1973）によれば，視覚的接触は他者の刺激価を強めるため，正面の他者の刺激価は他のどの方向よりも強くなる。その結果，不快感や気づまり感が強くなり，相手との間に広い空間が求められるようになる。左右や斜め前といった空間も，相手の顔は見えるが正面ほどの視覚的接触はないため，他者の刺激価は小さくなる。したがって，後方になるほど他者の刺激価が小さくなるため，PS の広さも狭くなるのである。

　このほかに，PS には個人の行動に対する自治性を高め，社会的状況をコントロールしやすくする役割があるとする説（Edney, Walker, & Jordan, 1976）や，他者と最小限の距離を保つことは，種族間の争いを減らしたり，ストレスを減らしたりする適応的な行動であるため，進化の過程で利点であったという進化論に基づく説がある（Evans & Howard, 1973）。

　現在のところ，なぜ PS が私たちの周りに存在し，さまざまな要因の影響を受けるのかについて包括的に説明する理論はない。しかし，PS は常に私たちの周りに存在している，身近な空間である。自分が他者とコミュニケーションをとるときになぜ距離をとるのか，なぜ近づかれると気づまりに思うのか考えてみるとよいだろう。

●発 展 課 題

1. 本章の課題で取り上げた要因以外で PS の大きさに影響を与える要因はあるか，

考えてみよう。
2. 停止距離法を用いた本実験と自然観察法を用いた実験ではどのような違いがみられるか考えてみよう。
3. PSの研究は，社会のどのような場面で活かせるか考えてみよう。

●参考図書

太田 信夫（監修）羽生 和紀（編）（2017）．環境心理学　北大路書房
　人間の行動を規定するものとして環境に注目し，人と環境の関係性について住環境や労働環境など，日常場面を取り上げて紹介している。

渋谷 昌三（1990）．人と人との快適距離——パーソナル・スペースとは何か——　日本放送出版協会
　パーソナル・スペースについて行われた実験や理論を紹介しているだけでなく，日常場面での応用についても触れ，対人関係において円滑なコミュニケーションをとるために必要な知見も紹介している。

9

SD法

　私たちは，人やものに対して，さまざまなイメージをもっている。イメージを測定する方法として，SD法（Semantic Differential Method）がある。SD法とは，複数の形容詞対を用いて，対象が形容詞対の尺度上でどのように表現されるのかを数量的に測定する手法である。本章では，SD法を用いて複数の対象へのイメージを測定し，評定対象のイメージ内容や使用した形容詞対の構成について検討し，イメージを測定する方法について理解することとする。

第9章 SD法

9.1 背景と目的

私たちは，"この人は明るい人だ""青は落ち着いた色だ""この絵は美しい"といったように，ある対象に対してイメージを形成している。このように，私たちは，人物，色，絵画，音楽，商品，建物，企業，学校などさまざまな対象に対してイメージをもっているのである。オズグッドらは，このような人々が抱くイメージを感情的意味とよび，それを数量的に測定するために，**SD法**（Semantic Differential Method）を開発した（Osgood, Suci, & Tannennbaum, 1957）。感情的意味とは，辞書に記されたような言葉の定義ではなく，個々の人がそれぞれの好みや経験に応じて感じるものである。SD法でイメージを測定する対象として，社会的対象である人物，国，都市，団体，企業，職業など，感覚的刺激である色彩，配色，形，デザイン，映像，映画，建築，音楽，音色，香り，味，感触など，多くのものが取り上げられている。

SD法では，図9.1に示したように，「立派な―ひどい」「大きい―小さい」のようなお互いに反対語になる形容詞をペアとして，両極の間から，対象のイメージに当てはまると思う位置を回答してもらう。形容詞対は複数あり，5～7段階尺度を構成していることが多い。たとえば，「良い―悪い」の形容詞対の7段階尺度であれば，「非常に良い」「かなり良い」「やや良い」「どちらでも

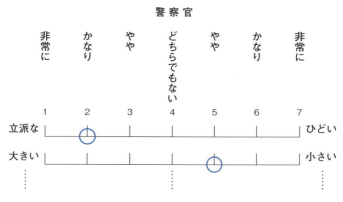

図9.1 SD法による評定方法の例

ない」「やや悪い」「かなり悪い」「非常に悪い」の7段階の尺度となる。評定者は，ある対象に対して感じるイメージをこの7段階のいずれかに印をつけて評定する。どこに印をつけるかは個人の自由であり，正解はない。この方法によって，人々がもつさまざまな対象に対するイメージを数値化することができ，統計的な分析を用いることができる。

ここでは，実習生自身が評定対象と一部の形容詞対を選定して，その対象に対するイメージをSD法を用いて測定してみよう。得られたデータに基づいて，対象に対するイメージの特徴について検討し，使用した形容詞対の構成について調べることを目的とする。

9.2 方　法

9.2.1 実施形態

質問紙（回答冊子）を用いた調査を集団式で実施する。具体的には，実習生は，3名から5名程度のグループを作り，各グループで質問紙を作成して，自分たち以外のグループに対して調査を行う。したがって，実習生は，調査者と調査参加者の両方の立場を経験することになる。

9.2.2 評定対象の選定

イメージ評定の対象物（評定対象）を，グループごとに選定する。まず，評定対象のカテゴリを選定し，そのカテゴリの中から評定対象を15個選ぶ。たとえば，職業，都道府県，食品，花，実際の色票などのカテゴリを選定する。次に，たとえば，カテゴリを職業とした場合，警察官，医師，保育士，美容師，システムエンジニア，銀行員，教師など15個の評定対象を選定する。

さらに，練習試行用の評定対象として，本番用と関係のないものを1つ選ぶ（たとえば，「リンゴ」「富士山」などといった評定しやすいもの）。

9.2.3 形容詞対の選定

SD法は，すでに述べたように，お互いに意味が反対となるような形容詞を

表9.1 評価性・力量性・活動性を構成する形容詞対の例

グループ	形容詞対		
評価性	良い―悪い	好きな―嫌いな	立派な―ひどい
力量性	強い―弱い	かたい―やわらかい	大きい―小さい
活動性	騒がしい―静かな	派手な―地味な	若い―老いた

対にして用いる。それらの形容詞対は,「良い―悪い」など評価に関係したものだけでなく,「大きい―小さい」「派手な―地味な」など多面的であるのが特徴である。どのような形容詞を用いるかは,研究目的,評定対象,調査参加者などによって異なるが,ここでは,以下で説明するように,基本的な形容詞対は共通にして,評定対象によってさらに追加をして調査を行う。

SD 法を用いた多くの研究結果から,主な形容詞対は次の3種類に分けられると考えられている。それらは,**評価性**（Evaluation;「良い―悪い」など），**力量性**（Potency;「強い―弱い」など），**活動性**（Activity;「騒がしい―静かな」など）である。この3グループに含まれる具体的な形容詞対を**表9.1**に示す。このような考え方から,本実習では,**表9.1**に示した3グループの形容詞対（計9対）と,独自にそれぞれのグループに1つずつ形容詞対を追加して,合計12対の形容詞対を使用する。追加する3つの形容詞対は,実習生がグループごとに相談して,評定対象の特色などを考慮して選び,評価性・力量性・活動性のどれに属するかを予想しておく。なお,井上・小林（1985）は,日本で SD 法を用いた論文を集め,それらに使用された形容詞対をまとめているため,形容詞対の選定の参考になる。

9.2.4 質問紙の構成

以下のような構成の質問紙を作成する。

質問紙の1枚目は,以下に示すような教示を記載し,調査参加者番号（ID；調査の前に番号を各個人に割り振っておく）を記載し,性別,年齢の回答欄を設ける。教示として回答に関する次のような内容を記載するとよい。①回答の際には,評定用紙の上部に呈示されている対象物のイメージが,その下にあ

ない」「やや悪い」「かなり悪い」「非常に悪い」の7段階の尺度となる。評定者は，ある対象に対して感じるイメージをこの7段階のいずれかに印をつけて評定する。どこに印をつけるかは個人の自由であり，正解はない。この方法によって，人々がもつさまざまな対象に対するイメージを数値化することができ，統計的な分析を用いることができる。

ここでは，実習生自身が評定対象と一部の形容詞対を選定して，その対象に対するイメージをSD法を用いて測定してみよう。得られたデータに基づいて，対象に対するイメージの特徴について検討し，使用した形容詞対の構成について調べることを目的とする。

9.2 方　法

9.2.1 実施形態

質問紙（回答冊子）を用いた調査を集団式で実施する。具体的には，実習生は，3名から5名程度のグループを作り，各グループで質問紙を作成して，自分たち以外のグループに対して調査を行う。したがって，実習生は，調査者と調査参加者の両方の立場を経験することになる。

9.2.2 評定対象の選定

イメージ評定の対象物（評定対象）を，グループごとに選定する。まず，評定対象のカテゴリを選定し，そのカテゴリの中から評定対象を15個選ぶ。たとえば，職業，都道府県，食品，花，実際の色票などのカテゴリを選定する。次に，たとえば，カテゴリを職業とした場合，警察官，医師，保育士，美容師，システムエンジニア，銀行員，教師など15個の評定対象を選定する。

さらに，練習試行用の評定対象として，本番用と関係のないものを1つ選ぶ（たとえば，「リンゴ」「富士山」などといった評定しやすいもの）。

9.2.3 形容詞対の選定

SD法は，すでに述べたように，お互いに意味が反対となるような形容詞を

表 9.1 評価性・力量性・活動性を構成する形容詞対の例

グループ	形容詞対		
評価性	良い―悪い	好きな―嫌いな	立派な―ひどい
力量性	強い―弱い	かたい―やわらかい	大きい―小さい
活動性	騒がしい―静かな	派手な―地味な	若い―老いた

対にして用いる．それらの形容詞対は，「良い―悪い」など評価に関係したものだけでなく，「大きい―小さい」「派手な―地味な」など多面的であるのが特徴である．どのような形容詞を用いるかは，研究目的，評定対象，調査参加者などによって異なるが，ここでは，以下で説明するように，基本的な形容詞対は共通にして，評定対象によってさらに追加をして調査を行う．

SD 法を用いた多くの研究結果から，主な形容詞対は次の 3 種類に分けられると考えられている．それらは，**評価性**（Evaluation;「良い―悪い」など），**力量性**（Potency;「強い―弱い」など），**活動性**（Activity;「騒がしい―静かな」など）である．この 3 グループに含まれる具体的な形容詞対を**表 9.1** に示す．このような考え方から，本実習では，表 9.1 に示した 3 グループの形容詞対（計 9 対）と，独自にそれぞれのグループに 1 つずつ形容詞対を追加して，合計 12 対の形容詞対を使用する．追加する 3 つの形容詞対は，実習生がグループごとに相談して，評定対象の特色などを考慮して選び，評価性・力量性・活動性のどれに属するかを予想しておく．なお，井上・小林（1985）は，日本で SD 法を用いた論文を集め，それらに使用された形容詞対をまとめているため，形容詞対の選定の参考になる．

9.2.4 質問紙の構成

以下のような構成の質問紙を作成する．

質問紙の 1 枚目は，以下に示すような教示を記載し，調査参加者番号（ID；調査の前に番号を各個人に割り振っておく）を記載し，性別，年齢の回答欄を設ける．教示として回答に関する次のような内容を記載するとよい．①回答の際には，評定用紙の上部に呈示されている対象物のイメージが，その下にあ

る形容詞対にどの程度当てはまるかを7段階のいずれかに○をつけて回答する。②各段階の間に○をつけたり，2ヵ所以上に○をつけたりしない。③正しい答えや間違った答えはない。④あまり深く考えずに直観的に回答する。⑤回答漏れがないようにする。

2枚目以降は，SD法による評定用紙となる（最初の評定用紙は練習用とする）。図9.1に示したように，評定対象を上部に呈示し，その下に12対の形容詞対を並べる。その際，「良い―悪い」といった評定対象の全体的なイメージに関係する形容詞対は，後続の回答に影響を与える可能性があるため，なるべく後のほうに入れる。形容詞対に対する評定は，本実習では7段階で行うこととする。図9.1に示したように，評定の中央に「どちらでもない」という評定語を示し，両端に向かって「やや」「かなり」「非常に」といった評定語を示す。このような方法で，評定対象の個数分の評定用紙を作成する。つまり，評定用紙は，評定対象の個数と同様の枚数となる。

9.2.5 手続き

実習生はグループごとに，調査者と調査参加者を経験する。調査者（調査グループ）は，調査参加者に質問紙を配付した後，質問紙の1枚目に記されている教示の内容について，以下のように口頭でも説明する。

「この調査は，○○○（カテゴリ名）について，あなたがどのようなイメージをもっているのか調べることを目的としています。評定用紙の上部には，イメージを評定してもらう対象物が呈示されていて，その下にさまざまな形容詞対が記されています。対象物のイメージについて，それぞれの形容詞対で表すとした場合に，7段階のうち最も当てはまると思うところに○をつけてください。各段階の間に○をつけたり，2ヵ所以上に○をつけたりしないでください。正しい回答や間違った回答といったものはありませんので，あなたの思ったとおりに回答してください。また，あまり深く考えずに直観的に回答してください。回答漏れがないように注意してください」。

SD法によるイメージの測定は，集団でも個別でもどちらでも実施できる。集団調査の場合は，周囲にいる他の人と相談しないように教示する。教示が終

わったら，まず練習試行を行い，回答方法についてわからないことがないか質問を受け付ける。質問があった場合は丁寧に回答し，問題がなければ，本番用の最初の評定用紙の回答を始めてもらう。その際，「それでは，本番に移ります。まず，○○○（評定対象名）のイメージについて回答してください」と教示する。評定対象ごとに全員が記入し終わったことを確認してから，次の評定用紙に移り，「次は○○○（評定対象名）のイメージについて回答してください」と教示をする。このような手順で最後の評定対象まで行う。

以上のような手順で自分たち以外の全てのグループに調査を行う。

9.3 結　果

9.3.1　データの入力

データ処理にあたっては，まず，調査参加者の各形容詞対に対する評定結果を，7段階尺度であれば，1〜7の数字で得点化して，入力する。評定用紙では，形容詞対の左側から1点，2点，……7点となっているので，調査参加者が○をつけた箇所の数値を入力する。

9.3.2　データの分析

1. プロフィール

調査参加者全員分のデータについて，評定対象ごとに，各形容詞対における得点の平均値を算出する。この平均値を用いてプロットと線で書き表した**プロフィール**（profile）を作成する（図9.2）。プロフィールを描くことによって，評定対象間を視覚的に比較することができ，理解しやすくなる。

プロフィールを作成する際は，形容詞対を，評価性・力量性・活動性ごとに並べ替えたほうが見やすいものになる。15の評定対象全てのプロフィールを1つの図に書き入れると見にくくなるため，2つか3つに分けるとよい。

2. 形容詞対間の相関

調査参加者全員分のデータについて，各形容詞対における得点の平均値を算出する。この平均値から，12の形容詞対間の相関係数を算出し，表にまとめ

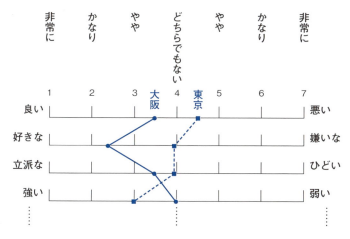

図 9.2　評定対象間を比較するプロフィールの例

表 9.2　形容詞対間の相関表の例

	1	2	3	4
1. 良い―悪い	―	.843	.908	.391
2. 好きな―嫌いな	.843	―	.791	.237
3. 立派な―ひどい	.908	.791	―	.186
4. 強い―弱い	.391	.237	.186	―
⋮	⋮	⋮	⋮	⋮	⋮

る（**表 9.2**）。その際，形容詞対を，評価性・力量性・活動性ごとに並べ替えたほうが見やすい。相関係数は小数点以下4桁目を四捨五入して小数点以下3桁を表記する。

9.4　考察のポイント

9.4.1　評定対象のイメージの特徴について

　評定対象のプロフィールをもとに，それぞれの評定対象のイメージの特徴をまとめる。さらに，評定対象をいくつかのグループに分けることができないか考えてみよう。

9.4.2 形容詞対の構成について

実習で使用した形容詞対が評価性・力量性・活動性でまとまっているかどうかを確認する。たとえば，評価性の4つの形容詞対（独自で追加したものを含める）の相互間の相関は高く（正確には，相関係数の絶対値が大きい），他のグループ（力量性や活動性）の形容詞対とは相関が低い（ゼロに近い）ことが予想される。予想どおりになっているかどうか相関表を見て調べよう。力量性・活動性についても同様に考察しよう。

予想どおりにならなかった場合，不要な形容詞対，修正したほうがよい形容詞対はあるか，形容詞対をまとめる新たなグループの提案など，どのように形容詞対を再構成すればよいか考えよう。

9.5 課題の解説

9.5.1 SD法における分析

SD法の分析では，因子分析が用いられることが多い。因子分析では，複数の観測変数に共通して影響を及ぼしている共通因子を見出そうとする。この因子という観点からたくさんある変数も少数のグループに分類できる。

SD法のデータを因子分析する場合は，まず，形容詞対の構造を確認することが目的となる。本実習の例では，変数（形容詞対）が評価性・力量性・活動性の3つの因子に分類されると想定している。因子分析では，形容詞対と因子との関連性が因子負荷量として表現される。その大きさをもとにして，どの形容詞対がどの因子と関連をもつのか調べ，因子の解釈を行う。本実習で用いた評価性・活動性・力量性という3つのグループは，繰返し確認されている典型的な因子である。しかし，この3つの因子が見出されない場合もある。SD法を用いて研究を行う際は，研究目的や評価すべき因子を考慮しながら，分析結果に基づいた因子の解釈を行う必要がある。

さらに，評定対象間の結果を比較する際に，各評定対象の因子得点や，各因子に因子負荷量の高い変数の値を合計した得点などの合成得点を用いれば，結果の比較が簡単にできる。

●発展課題

1. 評定対象間での相関係数を算出して，評定対象の分類をしてみよう。
2. 調査参加者の属性（性別や評定対象についての知識や経験（「なじみがある」など））によって，評定対象のイメージに違いがあるかどうか調べてみよう。
3. 形容詞対の構造を，因子分析を用いて調べてみよう。

●参考図書

大山 正・岩脇 三良・宮埜 壽夫（2005）．心理学研究法——データ収集・分析から論文作成まで—— サイエンス社

　心理学の研究法が，方法別に簡潔にわかりやすくまとめられている。SD 法の章があり，実際の実施方法についても解説されている。

岡本 安晴（2006）．計量心理学——心の科学的表現をめざして—— 培風館

　心を科学的に表現することをめざす計量心理学について，初学者でも理解できるように丁寧に解説されている。SD 法の章があり，SD 法に関する概念について詳しく説明されている。

松尾 太加志・中村 知靖（2002）．誰も教えてくれなかった因子分析——数式が絶対に出てこない因子分析入門—— 北大路書房

　SD 法の分析でよく用いられる因子分析に関する初心者向けの入門書である。数式を一切使用せずに因子分析がわかりやすく説明されている。

10 一対比較

　一対比較法は，文字どおり2つの刺激を対にして呈示し，特定の判断次元に基づいてどちらかを選択させる心理評価手法である。複数の刺激に対する好みや美しさなどの感性的評価を測定する際などに，刺激間の相対的な評価の差異を精密に測定することに長けている。本章では一対比較法を用いた調査や分析を体験するとともに，一対比較法の長所や短所についても考察していこう。

10.1 背景と目的

一対比較法（paired comparison method）は，対象の心理学的評価を測定する技法の一つである。複数個の刺激の中から2つを対にして呈示し，特定の判断次元に基づいてどちらか一方を選択させる手続きをとる。これを全刺激の組合せについて実施することで，判断基準に対する各刺激の位置づけを間隔尺度値として得ることができる。たとえば，栽培方法の異なる4種類のリンゴについてどれが最も甘味が強いかを知りたい場合，4種それぞれの甘味強度を個別に評定したり4種類を順番に全部食べて判断したりするよりも，4種類のうち2種類を選んで食べ比べどちらがより甘いか判断させ，その一対比較を総当たりで行ったほうが，微細な甘味の差異まで判断できることが多い。このように，一対比較法は複数の刺激について**官能評価**（sensory evaluation）や好み（preference），**美的判断**（aesthetic judgment）などの心理学的評価を得る場合に，刺激間のわずかな評価の違いまで精密に測定することができる手法である。一方で，評価対象の数が多い場合には試行数がきわめて多くなってしまうといった難点もある。この点については10.2.1で詳述する。

現在，心理学で用いられている一対比較法の代表的な手法は「**サーストン法**（Thurstone's method; Thurstone, 1927a）」と「**シェッフェ法**（Sheffé's method; Sheffé, 1952）」であろう。サーストン法は，呈示した刺激ペアのうちどちらが判断基準に対して優れているかを選択させる手法である（図10.1 (a)）。それに対してシェッフェ法は，呈示した刺激ペアのうちどちらがどの程度優れているかを段階づけて回答させる方法である（図10.1 (b)）。シェッフェ法は実施・回答の手間はかかるが，刺激間の心理学的評価の差異をより細かく測定することができる。一方で，一対比較法はもともと試行数が多くなりがちな手法であることから，さらに手間のかかる回答方法では調査参加者の負担が大きくなり，信頼できるデータが得られなくなる懸念もある。そこで，調査すべき刺激の数や判断の容易さなどに応じて手法を使い分ける必要があろう。

本章では，一対比較法の実施・分析の基礎を学ぶことを主眼として，サーストン法の一対比較を用いて評価対象の心理学的評価を測定してみよう。自分た

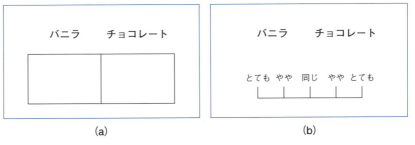

図 10.1　一対比較法の回答例（a：サーストン法, b：シェッフェ法）
アイスクリームのフレーバーに対する好みを題材とした一対比較の例。(a) サーストン法では，左右の刺激のうちどちらがより好きかを判断して枠の一方に〇印をつけさせる。調査参加者に指差しや口頭で回答させ，調査者が回答を記録してもよい。(b) シェッフェ法では，左右の刺激のうちどちらがどの程度好きかを5～9段階程度の評定尺度で判断させ，該当する尺度段階に〇印をつけさせる。

ちで評価対象と判断次元を決めてサーストン法による一対比較を行うとともに，基本的な集計・分析手法を通じて各刺激の心理尺度値を算出し，その妥当性や一対比較法のメリット・デメリットについて考察することを目的とする。

10.2　方　　法

10.2.1　調査対象の選定

まず，実習のクラスあるいはグループごとに「評定対象」と「判断次元」を決める。たとえば，アイスクリームのフレーバーに対する好みを調べる場合，評定対象は「アイスクリームのフレーバー」であり，判断次元は「好み」となる。なお，評定対象を選定する際には使用する刺激数（n）に留意する必要がある。調査参加者が判断すべき刺激ペアの数（p）は $p = n \times (n-1)/2$ であり，n が多いと調査参加者は膨大な数の刺激ペアについて判断しなければならなくなる。たとえばフレーバーを6種類とした場合には，$p = 6 \times (6-1)/2 = 15$ となるが，10種類とした場合には，$p = 10 \times (10-1)/2 = 45$ となる（表10.1）。調査に要する時間や調査参加者の疲労，分析の容易さなどを考慮し，実習では n が5～7で十分となるような評定対象を検討するとよい。たとえば，色の好み，旅行してみたい国，ホテルに常備し

表 10.1　一対比較における刺激数とペア数（刺激数 3〜15 の例）

刺激数（n）	ペア数（p）
3	3
4	6
5	10
6	15
7	21
8	28
9	36
10	45
11	55
12	66
13	78
14	91
15	105

てほしいアメニティ，罰則を強化してほしい軽犯罪などは一例であるが，多くの種類があるなかでどれがどの程度人々に好まれやすいか，優先されやすいかを把握することは，基礎・応用の両面で意義のあることであろう。

　対象を名称で呈示する場合には，調査参加者が知らないような，あるいは人によって名称からイメージされるものが大きく異なるような対象が含まれないよう留意する。飲食物や香りなどは実物を呈示して好みや感覚強度を比較させることもできるが，多数のペアの比較を行うと空腹度の変化や**感覚順応**（sensory adaptation）などにより判断が困難になる場合があるため，対象数や試行間隔に留意する必要がある。

10.2.2　刺激カードの作成

1. 呈示順序の決定

　調査対象が決まったら，次は評定対象の刺激ペアを順番に調査参加者に呈示するための刺激カードを p 枚作成する。その作成にあたっては，刺激ペアの左右位置や呈示順序が調査参加者間でランダムとなるよう，あらかじめ自分が調査者となる場合の刺激呈示順序を決めておく。呈示順序は記録用紙（**表 10.2**）に記入しておく。

10.2 方法

表10.2 記録用紙の例（サーストン法による一対比較）

調査テーマ	アイスクリームのフレーバーに対する好み				
調査者氏名					
調査参加者 ID		性別		年齢	

試行番号	左側	右側	備考
	バニラ	チョコレート	
	バニラ	ストロベリー	
	バニラ	抹茶	
	バニラ	チョコミント	
	バニラ	クッキー＆クリーム	
	チョコレート	ストロベリー	
	チョコレート	抹茶	
	チョコレート	チョコミント	
	チョコレート	クッキー＆クリーム	
	ストロベリー	抹茶	
	ストロベリー	チョコミント	
	ストロベリー	クッキー＆クリーム	
	抹茶	チョコミント	
	抹茶	クッキー＆クリーム	
	チョコミント	クッキー＆クリーム	

※各試行について，選択されたほうの刺激名に〇印を調査者が記入．

内省報告・特記事項等

2. 刺激カードの作成

自身の刺激呈示順序に基づき，横長の用紙（A4判用紙横置きなど）の中央に一対の刺激を配置する．たとえば，アイスクリームのフレーバーに対する好みであれば「バニラ―チョコレート」などとフレーバー名を左右に記載し，単色の好みを調べる調査であれば赤と青のカラーカードを左右に貼りつけるなど，1枚の刺激カードで一対の刺激を呈示できるようにする（図10.1参照）．ノートコンピュータやタブレットが利用できる環境であれば刺激カードをMicrosoft PowerPointなどで作成してもよいが，モニターやプリンターによって色再現や解像度等が異なるため，色や画像を対象とする場合には留意が必要である．

3. 教示文の作成

複数の調査者で分担して調査を実施する場合，調査者によって実験課題の説明や回答方法に差異がでないよう事前に共通の教示文を作成しておくとよい．教示文には調査の目的，刺激呈示の仕方，判断基準，回答方法，および各試行において必ずどちらか一方を選択すべきこと等の留意点を含むこと．教示文の例は10.2.3も参照のこと．

10.2.3 手続き

調査は2名がペアとなり，1名を調査者，もう1名を調査参加者として個別に実施する．調査者は，刺激カードセット，教示文，記録用紙（表10.2参照），筆記用具を準備する．

調査に先立ち，調査者は調査参加者に対して次のような教示を行う．「この調査は，大学生を対象としてアイスクリームのフレーバーに対する好みを調べるものです．これからアイスクリームのフレーバー名が2つずつ対になって記載されたカードを呈示しますので，あなたは左と右のどちらのフレーバーが好きか，左右どちらかの枠に〇印を記入することで回答してください．この課題をさまざまなフレーバーのペアについて順に回答していただきます．対によってはどちらも同じ程度に好きという場合もあるかもしれませんが，必ずどちらか一方を選んで回答してください．なお，前のカードに戻って一度回答した内

容を修正することはできません。好みを調べるもので正解があるものではありませんので，あまり深く考えすぎず感じたとおりに回答してください」。

調査者は順番に刺激カードを呈示し，調査参加者の回答に記入方法の誤りや記入漏れがないかをその都度確認する。全試行を実施し終えたら，調査者は調査参加者に内省報告を求める。

これらの手続きが終了したら，調査者と調査参加者の役割を入れ替え，同じ手続きを実施する。調査参加者数が少ない場合は，他のグループや他クラスの学生にも調査参加を依頼するとよい。一概に何名をもって多い・少ないとはいえないが，実習の場合は調査者が手入力でデータ整理を行う手間も考慮し，4名グループであれば1名の調査が3名の調査参加者分の調査実施・データ整理を行うものとして，計12名分のデータを得ることとしてはどうだろうか。

10.3 結　果

10.3.1 データの集計

調査で取得したデータを集計するにあたり，事前に表 10.3（a）のような集計表を作成しておく。1名の調査参加者につきこの表を1つ用意し，記録用紙に記載された各刺激対に対する回答をこの集計表にまとめる。集計表の各セルには，行の項目に対して列の項目が選択された場合には「1」を，選択されなかった場合は「0」を記入する。たとえば表 10.3（b）の1行目のように，「バニラ―チョコレート」でチョコレートが選択された場合は当該セルに「1」と記入し，「バニラ―クッキー＆クリーム」でバニラが選択された場合は当該セルに「0」と記入する。なお，対角線に対して右上のエリアと左下のエリアにはそれぞれ逆の値が入ることとなる。たとえば「チョコレート―バニラ」のセル（2行目左端）には0が入る。この表を調査参加者の人数分作成する。

次に，集計表の各セルについて，全調査参加者の値の平均値を算出する。これは各セルに対する全調査参加者の値を総和し，調査参加者数で割ればよい。たとえば「バニラ―チョコレート」のセルについて，10名の調査参加者の回答がそれぞれ1，1，0，1，0，0，1，1，1，0であったとすると，その平均値

表 10.3 集計表とデータ解析の例（刺激数＝6の場合，仮想データ）

(a) 集計表

	A	B	C	D	E	F
A	—					
B		—				
C			—			
D				—		
E					—	
F						—

(b) 分析手順1：各調査参加者の回答入力
チョコレート＞ストロベリー＞抹茶＞バニラ＞クッキー＆クリーム＞チョコミントの順に好きで，一貫した回答を行った調査参加者の回答を入力した場合の例。

	バニラ	チョコレート	ストロベリー	抹茶	チョコミント	クッキー＆クリーム
バニラ	—	1	1	1	0	0
チョコレート	0	—	0	0	0	0
ストロベリー	0	1	—	0	0	0
抹茶	0	1	1	—	0	0
チョコミント	1	1	1	1	—	1
クッキー＆クリーム	1	1	1	1	0	—

は 6/10（総計値／参加者数）＝ 0.60 となる。すなわちバニラと比較してチョコレートが好まれる割合は 60％であったといえる。同様に，他の全セルについても平均値を算出し，新たな集計表に記入する（**表 10.4 (a)**）。

10.3.2 標準得点の算出

標準得点の算出について，本章では酒井・山本（2008）を参考に Microsoft Excel を用いた簡便な算出方法を紹介する。なお，Excel を用いない場合の標準得点の算出方法は心理学実験指導研究会（1985a, 1985b）などが参考になる。

全調査参加者の平均値を入力した集計表（**表 10.4 (a)**）の各セルについて，

10.3 結果

表10.4 集計表とデータ解析の例（刺激数＝6の場合，仮想データ）

(a) 分析手順2：全調査参加者の平均選択率を入力

	バニラ	チョコレート	ストロベリー	抹茶	チョコミント	クッキー＆クリーム
バニラ	—	0.60	0.50	0.40	0.40	0.10
チョコレート	0.40	—	0.40	0.40	0.60	0.30
ストロベリー	0.50	0.60	—	0.50	0.40	0.40
抹茶	0.60	0.60	0.50	—	0.20	0.60
チョコミント	0.50	0.40	0.60	0.80	—	0.40
クッキー＆クリーム	0.80	0.70	0.60	0.40	0.60	—

(b) 分析手順3：平均選択率に対する標準得点 z を算出

ここではExcelのNORMINV関数を用いて，表10.3 (a) の各セルの比率について z を算出した（平均値＝0，標準偏差＝1として算出）。

	バニラ	チョコレート	ストロベリー	抹茶	チョコミント	クッキー＆クリーム
バニラ	—	0.25	0.00	-0.25	-0.25	-1.28
チョコレート	-0.25	—	-0.25	-0.25	0.25	-0.52
ストロベリー	0.00	0.25	—	0.00	-0.25	-0.25
抹茶	0.25	0.25	0.00	—	-0.84	0.25
チョコミント	0.00	-0.25	0.25	0.84	—	-0.25
クッキー＆クリーム	0.84	0.52	0.25	-0.25	0.25	—
z 平均値	0.17	0.21	0.05	0.02	-0.17	-0.41
心理尺度値[1]	0.58	0.62	0.46	0.43	0.24	0.00

[1] 心理尺度値は，6刺激の中で z 平均値が最低値であったクッキー＆クリームの得点が「0」となるように，各 z 平均値からクッキー＆クリームの z 平均値「-0.41」を減算して算出。

標準得点 z を算出し，新たな集計表に記入する（表10.4 (b)）。z 値は，Excelの関数「＝NORMINV（各セルの比率値，平均値0，標準偏差1）」により求めることができる。

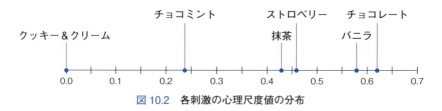

図 10.2　各刺激の心理尺度値の分布

10.3.3　心理尺度値の算出と図示

　表 10.4（b）の全セルに z 値を記入したら，刺激ごとにその平均値を算出して表の「z 平均値」欄に記入する。表 10.4（b）の例（仮想データ）をみると，バニラの z 平均値は 0.17 で，最も平均値が高いチョコレート（z 平均値 = 0.21）よりは 0.04 低く，最も平均値の低いクッキー＆クリーム（z 平均値 = −0.41）からは 0.58 高いこととなる。この値は間隔尺度であることから，z 平均値の差分がアイスクリームのフレーバーに対する各刺激間の心理学的な距離となる。このまま z 平均値の値を用いてもよいが，一般的には刺激間の間隔がより直感的にわかりやすくなるように，全刺激の z 平均値のうち最小値が「0」になるよう各刺激値を変換する。これには，各 z 平均値から最小値の z 平均値（表 10.4（b）の例では，クッキー＆クリームの「−0.41」）を減算すればよい。これらの値を各刺激の心理尺度値とする。この心理尺度値を 1 次元上にプロットすることで，判断次元における各刺激の相対的な位置づけを把握することができる（図 10.2）。

　レポートの結果のセクションには，表 10.4（a），表 10.4（b），図 10.2 で作成した各図表を掲載するとよい。

10.4　考察のポイント

　図 10.2 をもとに各刺激の心理尺度値の相対的差異を把握し，どのような刺激が（使用した判断次元に対して）選択されやすいか，どのような刺激は選択されにくいかを考察する。考察に際しては，調査参加者の内省報告なども参照するとよい。また，実際の市場データをインターネットなどで調べ，本結果の

妥当性や，応用可能性などを議論することもできる。たとえば，アイスクリームのフレーバーの好みが図 10.2 のような結果であった場合，アイスクリームメーカーなどが実施しているフレーバー人気投票や売上数の結果と比較したり，限られたフレーバー数しか用意できない店舗でどのフレーバーを優先的に揃える必要があるかを考える資料となるであろう。

また，今回はサーストン法による一対比較を用いたが，評価対象の心理学的評価を測定するにあたってこの手法を用いたことのメリットやデメリットについても，結果や内省報告などを踏まえて論じるとよい。

10.5 課題の解説

10.5.1 一対比較法の歴史と現在

心理学における一対比較法の歴史は古く，2 つの刺激を対にして呈示し，何らかの判断基準により一方を選択させる手続き自体は，フェヒナー（Fechner, G. T., 1801-1877）の精神物理学（psychophysics）まで遡ることができる（3.5.1 参照）。たとえば恒常法（constant method）を用いた実験では，さまざまな明るさの照明のうち 2 つを対にして呈示してどちらがより明るく感じるかを判断させることで，物理的な照度と知覚された明るさの対応関係などが検討された（Fechner, 1860）。その後，一対比較は感覚・知覚的判断のみならず，刺激に対する快さ（pleasantess）や好み（preference），美しさ（beauty）といった感性評価や，犯罪の重大性（seriousness）など社会的な事象に対する認知的判断にも拡張されていった（Brown & Peterson, 2009）。

感性評価への適用に関して，構成主義心理学者のティチェナー（Titchener, E. B., 1867-1927）は，単色に対する快さを一対比較により測定している（Titchener, 1901）。ティチェナーは，「われわれは呈示された刺激が快いか不快かについて絶対的なものさし（absolute measure）をもっているわけではないが，2 つの刺激が呈示された場合にどちらがより快いか・不快かを回答することはできる（Titchener, 1901, p.92 ［訳は筆者］）」と，感性評価における一対比較の有効性を論じた。色にせよ，製品のデザインや品質にせよ，「どの程度

好ましいか」といった感性評価を行う際には必ずしも絶対評価として行っているものではなく，多くの場合は他の何かと比べたら好き，といったような相対的な評価である。その意味で一対比較は人々の日常的な判断プロセスを踏襲した手法といえ，簡便な手続きで信頼性の高いデータが得られるものと考えられた。

社会的な価値判断への適用に関して，サーストン（Thurstone, L. L., 1887-1955）は，放火や密売，殺人，横領，強姦など19種の犯罪をリストアップし，一対比較により相対的な罪の重さを判断させた（Thurstone, 1927b）。学生266名を対象とした調査の結果，強姦など性的犯罪が最も罪が重いと判断された。このように，社会的な事象に対する認知バイアスなども一対比較により定量化できることが示された。

一対比較法は刺激数の増加にともなって試行数が膨大な数になってしまうことから（表10.1），刺激数をあまり増やせないといった欠点がある。たとえばサーストン（Thurstone, 1927b）の調査では，犯罪名19種を刺激としていたことから，一対比較には計171試行を要している。現在の感性評価研究は体系的に選択された多数の刺激を用いるものが多く，それゆえ一対比較法が用いられるケースは必ずしも多くはない。ただし，**官能評価**（sensory evaluation）のように試料間の微細な感覚強度の差異を検出する必要がある課題においては，一対比較法は現在も主要な測定法の一つとして用いられている（朝倉，1997；國枝，2012）。

● 発 展 課 題

1. 今回実施した課題を「シェッフェ法の一対比較」で行った場合には，どのように結果が異なると予想されるか考えてみよう。
2. 一対比較法を用いた心理学的研究を論文検索し，どのような評価対象と分析次元を用いているかや，なぜ一対比較法を採用したかについてリストにまとめてみよう。

●参 考 図 書

酒井 浩二・山本 嘉一郎（編著）（2008）．Excel で今すぐ実践！ 感性的評価――AHP とその実践例―― ナカニシヤ出版

　一対比較法と SD 法を中心として，実際にデータを取得してからどのように分析したらよいか，手順がわかりやすく例示されている。編著者のゼミ生が原案を作成したとのことで，各感性評価のテーマ設定も学生に馴染みのあるものが多く，初学者にも理解しやすい。

君山 由良（2013）．心理学的測定法序説――対数モデルと強度関数―― データ分析研究所

　統計解説書シリーズの一冊で，一対比較法についても実施方法と統計解析の両側面について網羅的に説明されている。やや専門性は高いが，実際に一対比較法を用いた心理調査を卒業論文などで実施したい場合は一読を薦める。

皮膚電気活動を用いた定位反応の観察

　人の行動にはさまざまなものがあるが，外から観察可能なものもあれば，それが難しいものもある。たとえば緊張しているのか，眠気があるのか，集中しているのかなどは，本人の報告以外には外からの観察のみでははっきりしない。また，本人の報告も必ずしも客観的で一貫しているとはいえない場合もある。生理的反応は，そのような人の理解を深めるうえで，さらなる情報を与えてくれる。本章では，外からの観察のみではわかりにくい定位反応を，皮膚電気活動という生理的反応の観察をとおしてみてみることにしよう。

第 11 章　皮膚電気活動を用いた定位反応の観察

11.1　背景と目的

　人は絶えず変化している外界からの刺激を受けながら環境に適応している。新しい刺激（新奇刺激）に遭遇したときに，それを探索し見極めようとする反応を**定位反応**（orienting response）という。この反応を初めて科学的に記述したのはパヴロフ（Pavlov, I. P., 1849-1936）である。定位反応の現象としての特徴の一つに，刺激を繰返し呈示すると，次第に反応が少なくなっていくというものがある。これを**慣化**（habituation）という。このように，定位反応を生じさせる重要な要因は**新奇性**（novelty）であるといえよう。しかし，類似した刺激であっても刺激に変化が生じると再び出現するという**脱慣化**（dishabituation）を示す。また，定位反応は刺激の強度に依存するという特徴も有している（道弘・宮田，1985）。

　定位反応は皮膚の電気的現象をとおして多くの研究が行われてきた。皮膚の電気的現象の測定方法には通電法と電位法という2種類の方法がある。電位法は1888年にフランス人神経学者フェレ（Féré, C.）により初めて測定され，電位法は1890年にロシア人生理学者タカノフ（Tarchanoff, I.）によって測定された（新美・鈴木，1986）。従来，日本における研究では電位法による測定が多くみられたが，近年は通電法を用いた研究報告が多くなっている。

　本章では，通電法を用いて**皮膚コンダクタンス反応**（Skin Conductance Response; SCR）の変化を「数字当て課題」を用いて観察し，定位反応の性質を理解することを目的としている。また，SCRには刺激と直接関係のない自発反応も生じるので注意しよう。

11.2　方　法

11.2.1　使用器具

　アメリカの精神生理学会（Society for Psychophysiological Research; SPR）の勧告回路を採用した皮膚コンダクタンス反応（SCR）が測定できる機器を用いることが望ましい。エタノール，脱脂綿，ディスポーザブル電極，記録用紙,

ストップウォッチ，鉛筆を用意する．

11.2.2 手続き

測定担当者はエタノールを含んだ脱脂綿で被測定者の非利き手第2指，第3指の腹側部（中節掌面）を清拭し乾燥させる．その後，ディスポーザブル電極の両面テープをはがし，上記の部位に装着する．また，測定機器の設定および記録を実施する．

質問を開始する前に，SCRが観察しやすいように，測定機器の増幅感度，チャートスピード，時定数などを調整する．また，キャリブレーションを記録する（使用する機器によって，機器の操作は異なるので，使用する機器の使用法に従うこと）．測定を実施する前に，設定条件も記録しておくこと．途中で設定条件を変更した場合にも，同様に記録をする．

被測定者は，他のメンバーにわからないように，1〜5までの数字の1つを選び，紙に記入する．この際，自分の名前も一緒に記入し，見えない場所に保管しておく．被測定者以外は，どの数字が選ばれたのかはわからない状態で「被測定者が選んだ数字を当てる」課題を実施する．

質問セッションは3回行う．課題は，SCRの変化から被測定者が決めた「1〜5」までの数字のうちの1つを当てることである．被測定者は，全ての質問に対して目を閉じて「いいえ」と答える．そのため，各セッションで1回はうそをついたことになる．第1セッションは数字を「1・2・3・4・5」の順で質問し，第2セッションでは「5・4・3・2・1」の順で質問する．第3セッションは第1，第2セッションのSCR反応を観察し，被測定者が決めた数字を推測し，ランダムな順で質問を行う．この際，新奇反応，慣化を考慮して，質問する数字の呈示順序を決める．最初の質問では，新奇反応が出現するため，各セッションの最初の質問は，ダミー質問として「あなたが選んだ数字は8ですか」を入れる．質問と質問の間は30〜50秒程度あける．セッション間は1分間の休憩を入れる．質問をした時点，被測定者が「いいえ」と回答した時点，回答の10秒後にイベントマーカーを押し，質問した番号をイベントマーカーの部分に鉛筆で記入する．被測定者は記録中，体を動かさないように注意する．

通常，皮膚電気活動や脳電位活動などは，防音シールドルームで測定するが，そのような条件がそろっていない場合は，被測定者以外はできるだけ音を出さないように注意することが重要である。

測定の終了後，被測定者以外のメンバーは，被測定者が選んだ数字を，SCR反応を視察によって推測する。その後，被測定者が記入した数字と照合し，SCRの変化の視察によって「数字当て」が可能であったかどうかを確認する。

11.3 結　果

11.3.1 整　理

被測定者が選択した数字の確認：まず，SCRの変化を視察により観察し，選択された数字を推測し，実験開始前に被測定者があらかじめ紙に記入しておいた数字と照合する。次に，図 11.1 に示した SCR 振幅を参考に，記録用紙上の SCR 波形をものさしで計測する。各質問の回答後 10 秒間を SCR データ処理区間とし，その間に出現した波を全て計測し（mm），合計したものを，その質問に対する反応量（mm）とする。

各セッションの 1 つの数字のみが，被測定者が選択した数字である。3 セッション実施するので，選択した数字に対する質問は 3 個，それ以外の質問は 12 個となる。選択した数字の平均値（mm）を算出する。平均値（mm）をキャリブレーションの値を参考に μS（マイクロジーメンス）に変換して，その値をレポートの結果の処理用反応量として用いる。ダミー質問は分析の対象

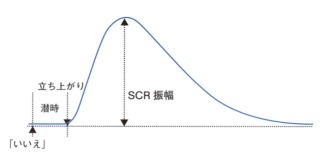

図 11.1　SCR 波形の例と SCR 振幅の測定

11.3 結　果

表 11.1　記録用紙の例（個人用）（皮膚電気活動）

反応量個人シート　ID：　　　　性別：　　　　年齢：

選択した数字　（　　）
キャリブレーション　（　　）　紙送り速度（　　）

第1セッション	質問された数字	反応量 (mm)	反応量 (μS)
第1質問項目			
第2質問項目			
第3質問項目			
第4質問項目			
第5質問項目			

第1セッション　選択数字反応（　　）
第1セッション　非選択数字（平均）（　　）

第2セッション	質問された数字	反応量 (mm)	反応量 (μS)
第1質問項目			
第2質問項目			
第3質問項目			
第4質問項目			
第5質問項目			

第2セッション　選択数字反応（　　）
第2セッション　非選択数字（平均）（　　）

第3セッション	質問された数字	反応量 (mm)	反応量 (μS)
第1質問項目			
第2質問項目			
第3質問項目			
第4質問項目			
第5質問項目			

第3セッション　選択数字反応（　　）
第3セッション　非選択数字（平均）（　　）

全セッション　選択数字反応（平均）（　　）
全セッション　非選択数字（平均）（　　）

表 11.2　記録用紙の例（グループ用）（皮膚電気活動）

SCR 記録用紙（グループ用）　　　　　班名（　　　　　　）

第1セッション

ID	性別	年齢	平均選択数字反応	平均非選択数字反応
1				
2				
3				
4				
5				
6				
7				
8				
9				
10				

第2セッション

ID	性別	年齢	平均選択数字反応	平均非選択数字反応
1				
2				
3				
4				
5				
6				
7				
8				
9				
10				

第3セッション

ID	性別	年齢	平均選択数字反応	平均非選択数字反応
1				
2				
3				
4				
5				
6				
7				
8				
9				
10				

から外す。記録用紙の例を**表 11.1**，**表 11.2** に示した。

11.4　考察のポイント

被測定者ごとに，選択した数字とそれ以外の数字の SCR 反応量を比較する。被測定者が選択した数字に対する反応量は，そうでない反応量と異なっていたかどうか，またその理由を考察してみよう。

また，反応が顕著だった被測定者 1 名の各セッションの時系列（数字の呈示順）に沿って反応量をグラフに示し，質問に対する SCR の変化から，定位反応の新奇反応，慣化を観察してみよう。

11.5　課題の解説

11.5.1　皮膚の電気的性質

皮膚の電気的性質は汗腺の活動に対応している。汗は電気的信号を伝導する塩分を含んだ水分で構成されている。交感神経の活性化が起こると汗腺から汗の分泌が生じ，電気的コンダクタンスが増加し SCR として測定される。

近年，皮膚電気活動を観察するために SCR が測定されることが多くなっている。コンダクタンスは電気抵抗の逆数（コンダクタンス＝ 1/ 電気抵抗）である。単位は国際単位系（SI）に基づく μS（マイクロジーメンス）を使用している。

皮膚電気活動（electrodermal activity; EDA）は精神性の発汗を電気的にとらえたものである。**図 11.2** に示したように，皮膚電気活動の測定方法には，①手掌や手指に装着した一対の電極間に微弱な電流を流し，皮膚の見かけ上の抵抗変化を調べる通電法（Skin Resistance Change; SRC, Skin Conductance Change; SCC）と，②電流を流すことなく，一対の電極間の電位差を直接測定する電位法（Skin Potential Activity）の 2 種類がある。

通電法で測定される反応には，皮膚抵抗反応（Skin Resistance Response; SRR）と皮膚コンダクタンス反応（Skin Conductance Response; SCR）があり，

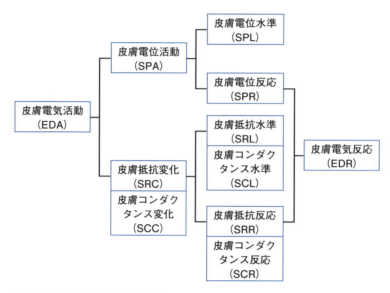

図 11.2 皮膚電気活動の分類（沼田・宮田，2011，p.58，図 1 をもとに作成）

緩徐な基線の変動は，皮膚抵抗水準（Skin Resistance Level; SRL），皮膚コンダクタンス水準（Skin Conductance Level; SCL）といわれる。同様に電位法で測定される緩徐な基線の変動には皮膚電位水準（Skin Potential Level; SPL）がある（沼田・宮田，2011）。

11.5.2 発汗種類

発汗はキャノン（Cannon, W. B., 1871-1945）の**闘争－逃走反応**（fight or flight response）と密接に関連するといわれている。たとえば，闘争時の適度な手掌発汗は，闘争に必要な道具をしっかりと握るという目的に適い，逃走時の足底発汗は地面をしっかり蹴るという目的に適うものである。このように精神性発汗は環境に対する行動的適応による進化の産物だと考えられている（Edelberg, 1972）。

他方，全身の温熱性発汗は体温の過上昇を防ぎ，体温の**恒常性**（homeostasis）を維持するための生理的な反応であり，生命活動を維持するために不可欠

な反応である。どちらも生体の生存という側面では重要な機能であるが，心理学の研究対象としては精神性発汗が多い。

● 発 展 課 題

1. たとえば，好きな果物，嫌いな科目など，「数字」だけでなく，他の呈示刺激についても同様の実験をやってみよう。その際，呈示刺激を決める際に，どのような点に留意すべきか，事前に考えてみよう。
2. 皮膚電気活動はポリグラフ検査の重要な指標の一つであるが，その理由を考えてみよう。

● 参 考 図 書

堀 忠雄・尾崎 久記（監修）坂田 省吾・山田 富美雄（編）(2017). 生理心理学と精神生理学 第Ⅰ巻 基礎 北大路書房
　生理心理学と精神生理学を学ぶうえで知っておくべき内容が幅広く，詳しく紹介されている。

ピネル, J. P. 佐藤 敬・若林 孝一・泉井 亮・飛鳥井 望（訳）(2005). ピネル バイオサイコロジー――脳―心と行動の神経科学―― 西村書店
　世界的に読まれている標準的テキストの翻訳書である。人の行動の背景にあるバイオロジカルなメカニズムについて詳しいがわかりやすく書かれている。

12

自己観察（セルフモニタリング）
――スマートフォン使用――

　人は日常さまざまなものを観察している。このような観察をとおして，自分が置かれている状況や，他者に関する理解を深める心理学の研究方法の一つに観察法がある。観察法は他者を対象に行う方法と思いがちだが，自分自身の観察をすることも当然可能である。このような観察は，セルフモニタリングとよばれる。本章では，自分の行動の中でも「スマートフォンの使用」を題材として自己観察をし，結果について考察してみよう。

第 12 章　自己観察（セルフモニタリング）

12.1　背景と目的

観察法（observation method）は心理学の研究方法の中の一つであり，教育，発達，臨床などさまざまな分野で従来から多く用いられている．しかしながら，観察法によって得られた情報には，個人情報が含まれることも多く，観察対象者，あるいは保護者などの許可なく観察を実施することは倫理的にも問題となる．ICT（Information and Communication Technology）社会において，個人情報の保護は重要な課題であり，人を対象とした研究では，研究倫理の適切な審査が必要である．学部の心理学実験の課題においても個人情報に関する配慮は重要であるが，授業で扱う全ての観察について事前に倫理審査を終えて，他者を観察することは容易ではない．そこで，ここでの課題では，自分自身の行動を観察するセルフモニタリングを行うこととする．

セルフモニタリング（self-monitoring）は，観察法を自己に適用しているものであるが，当然，自分自身の個人情報に対する配慮は他者に対する場合と同様に重要であることを忘れてはならない．

セルフモニタリングでは，自分自身が観察対象となる．自分自身の行動の中でも，ここでは「スマートフォン使用」という行動を標的とする．次に「スマートフォン使用」を観察するための観察単位を決める必要がある．「スマートフォン使用」について観察するために，「スマートフォン使用」という行動が生じたときに，その時間を記録するため，ここでは事象を観察単位とする．これは，**事象見本法**（event sampling method）とよばれている．

本課題では，自分自身の「スマートフォン使用」を観察するために，スマートフォンのアプリケーションを用いて記録を行う間接的観察を実施し，実際のデータの収集および分析の方法について，学ぶことを目的とする．

12.2　方　法

12.2.1　使用器具

スマートフォン，スマートフォン使用時間記録可能アプリケーション，記

録用紙，筆記用具を使用する。「スマートフォン使用」に関するセルフモニタリングに使用できるアプリケーションの例としてAndroid「Dinner Time Plus」, iPhone（iOS端末）「Moment-Balance Screen Time」などがある。これらは2019年現在無料版，有料版が提供されている。無料版でも「自分のスマートフォン使用の観察」を実施するには，使用時間については十分なデータを得ることが可能である。これらはアプリケーション使用の場合の例であり，スマートフォン使用時間が記録できれば，他の方法でも問題はない。

12.2.2 手続き

スマートフォンを使用するたびに，記録用紙に記入するといった方法も可能であるが，日常生活の中では非常に煩雑となるため，アプリケーションを用いて使用時間を記録する。1日の中で使用したタイミングと1日の合計使用時間を記録する。また，その使用目的について使用した時間を参考に，使用カテゴリをチェックする。表12.1はスマートフォン使用カテゴリの例を示している。これは2016年の総務省情報通信政策研究所報告書で用いられた分類項目である。

表12.2に観察記録用紙の例を示す。

観察の例としてたとえば，授業のある日2日間，授業のない日2日間を観察対象日とする。スマートフォン利用の時間のみならず，他の日常行動との関係性についても併せて検討してもよい。ここでは，睡眠および眠気に関する状態

表12.1 使用カテゴリの例（総務省情報通信政策研究所，2016）

カテゴリ1：ネット通話を使う
カテゴリ2：オンラインゲーム・ソーシャルゲームをする
カテゴリ3：オンデマンド型の動画配信サービスをみる
カテゴリ4：動画投稿・共有サイトをみる
カテゴリ5：SNSをみる・書く
カテゴリ6：ブログやウェブサイトをみる・書く
カテゴリ7：メールを読む・書く
カテゴリ8：その他

表12.2 記録用紙の例（自己観察）

スマートフォン使用時間記録用紙
記録者ID（　　　）
記録者年齢（　　　）
記録者性別（　　　）

日付：　　月　　日　　曜日　　授業（有・無）

使用カテゴリリスト
カテゴリ1：ネット通話を使う
カテゴリ2：オンラインゲーム・ソーシャルゲームをする
カテゴリ3：オンデマンド型の動画配信サービスをみる
カテゴリ4：動画投稿・共有サイトをみる
カテゴリ5：SNSをみる・書く
カテゴリ6：ブログやウェブサイトをみる・書く
カテゴリ7：メールを読む・書く
カテゴリ8：その他

合計使用時間　　（　　）時間（　　）分
夜間睡眠時間　　（　　）時間（　　）分
日中の睡眠　　　（　　）時間（　　）分
日中の眠気　　0：全くない　1：少しある　2：かなりある　3：非常にある
日中の疲労感　0：全くない　1：少しある　2：かなりある　3：非常にある

その他の記録

スマートフォン使用に影響を与えていた出来事があれば記録しておく（例：旅行）。

時刻	使用時間帯 約10分以上使ったと思う時間帯	使用カテゴリ番号
記入例	0:30 — 1:00	5
1		
2		
3		
4		
5		
6		
7		
8	8:45 — 9:00	5
9	9:30 — 10:00	4
10		
11		
12	12:15 — 12:35	5
13		
14		
15		
16	16:15 — 16:35	2
17		
18		
19		
20	20:00 — 20:40	3
21		
22	22:00 — 22:10	5
23		
24		

を併せて記録することとする。

スマートフォン使用について気づいたことやスマートフォン使用に影響を与えた出来事があれば記録しておく。

12.3 結　果

12.3.1 整　理

各自行った自分自身のスマートフォン使用時間等に関する観察結果を観察日別にまとめる。観察日別にまとめた表の例を**表 12.3** に，それらを観察全体でまとめた表の例を**表 12.4** に示す。また，使用カテゴリについても**表 12.5** の例のようにまとめる。

表 12.3　観察日別のスマートフォン使用時間等のまとめ（自己観察）

観察日	（　　　）月（　　　）日（　　　）曜日
授業	有・無
合計使用時間	（　　　）時間（　　　）分
夜間睡眠時間	（　　　）時間（　　　）分
日中の睡眠時間	（　　　）時間（　　　）分
日中の眠気	0：全くない　1：少しある　2：かなりある　3：非常にある
日中の疲労感	0：全くない　1：少しある　2：かなりある　3：非常にある

表 12.4　観察全体のまとめ（自己観察）

観察日	使用時間	夜間睡眠時間	仮眠時間	日中の眠気の程度	日中の疲労感の程度
授業のあった日―1					
授業のあった日―2					
授業のなかった日―1					
授業のなかった日―2					

表 12.5 観察日別および全体の使用カテゴリのまとめ（自己観察）

	使用頻度順位		
	1位	2位	3位
授業のあった日—1の使用カテゴリ			
授業のあった日—2の使用カテゴリ			
授業のあった日の使用カテゴリ			
授業のなかった日—1の使用カテゴリ			
授業のなかった日—2の使用カテゴリ			
授業のなかった日の使用カテゴリ			
全体の使用カテゴリ			

注：カテゴリ番号を記入。

12.3.2 分　析

　観察結果の整理から得られたデータを，授業の有無などの条件ごとにまとめる。考察のポイントを参考に，目的に応じてスマートフォン使用時間，スマートフォン使用時間と他の行動指標の結果との関連，使用カテゴリについて，個人のみならず，実験実習グループやクラス単位でまとめて，全体の特徴を明らかにする。

12.4　考察のポイント

　自分自身のスマートフォン使用時間等の特徴を，授業の有無の影響を考慮して考察してみよう。同様に，自分自身のスマートフォン使用カテゴリの特徴を，授業の有無の影響を考慮して考察してみよう。

　加えて，グループでスマートフォン使用観察結果を比較し，共通する特徴，自分自身の特徴を考察する。さらに，スマートフォン使用と睡眠の関連性について検討する。セルフモニタリングで得られた結果で，問題となることはどのようなことか，考察するのもよい。

12.5 課題の解説

12.5.1 観察法の特徴

心理学で用いられる研究方法には，実験法，観察法，面接法などがある。今回行ったセルフモニタリングは観察法に属する方法である。小島（2016）は，「実験法は仮説を定立し適切な手続きによってデータを集め，その仮説を検証する形で進められるものが多い。しかし，観察法を用いる研究では，あらかじめ仮説を定立するのではなく，観察された事象から通して新しいものの見方を説き起こすような研究に用いられることが多くみられるようだ」と述べている。今回のセルフモニタリングのように，ある程度統制された観察研究もあるが，そのような場合は観察すべき行動サンプリングは限定されており，条件に応じてそれらの行動の生起の有無や，出現した行動の分類を行うなど，分析の方向性もある程度決まっている。それに対し，一般的に観察法でイメージされる自然場面における観察では，多くの種類の，しかも判断に慎重さを要する行動を同時に扱い，分析の方向性も必ずしも初めから定まっていない研究も含まれている。観察研究では，統制された実験研究では難しい観察対象をできるだけそのまま観察し，**生態学的妥当性**（ecological validity）を重視しているが，小島（2016）では，このような研究における観察データの信頼性や追試可能性についても議論を行っている（第2章のコラム2.1も参照）。

12.5.2 セルフモニタリング

セルフコントロールは文字どおり自分自身の行動のコントロールを試みる方法である。セルフコントロールは，費用があまりかからない，専門家の援助がその他の技法に比べて少ない，獲得したセルフコントロールは，他の場面でも用いることができる，など，多くの利点をもっている。セルフコントロールを獲得する場合には，コントロールするための行動を，適切に弁別することが必要である。心理カウンセリングにおける行動論的アプローチでは，セルフコントロールを獲得していくための「データ」の取得として，セルフモニタリングを用いている（依田・上里，2002）。セルフモニタリングにおける観察対象は，

他者を観察する場合と同様に多岐にわたるが，他者からの観察では知ることのできない主観的な不安のレベルなどを観察し，記録することができる。しかしながら，観察者のモチベーションや客観性などにも依存する自分自身に関する観察や記録であるため，その信頼性については常に慎重である必要があろう。

● 発 展 課 題

1. 男性，女性のスマートフォンの使用時間の比較や，授業のある日，ない日の比較，使用時間と使用カテゴリの関連などを t 検定，相関，χ^2 検定などの統計的分析を用いて分析してみよう
2. スマートフォン使用に影響がある日常行動を考え，その行動の観察も併せて行ってみよう。
3. セルフモニタリングによって得られたデータを，自分の日常行動にどのように生かすことができるか考えてみよう。

● 参 考 図 書

南風原 朝和・市川 伸一・下山 晴彦（編）(2001). 心理学研究法入門――調査・実験から実践まで―― 東京大学出版会
　観察法について，心理学研究法の質的調査の一つとして概略が紹介されている。さまざまな研究法の中で，観察法がもつ意味あいが論じられている。

高野 陽太郎・岡 隆（編）(2017). 心理学研究法［補訂版］――心を見つめる科学のまなざし―― 有斐閣
　心理学の研究法の一つである観察法について，初学者でも理解しやすいように，丁寧な解説がなされている。

13 神経心理学的検査・テストバッテリー

　神経心理学的検査は心理検査の中でも主に認知機能の測定・評価を目的として用いられるものである。神経心理学的検査はパーソナリティ検査と並んで認知症のアセスメントに使用されるため，超高齢社会を迎え認知症の評価と援助へのニーズが増加している現代ではとりわけ重要である。多様で段階的である認知症をとらえるためには認知症の中核的症状である認知機能障害の評価が必須であり，複数の心理検査を組み合わせて多角的，系統的に査定を行うテストバッテリーが組まれることも多い。本章では認知症のスクリーニングを想定した神経心理的検査を用いて，認知機能の評価を体験してみよう。

第 13 章　神経心理学的検査・テストバッテリー

13.1 背景と目的

　認知症の代表的な症状として記憶，思考，見当識等があげられるが，その原因はさまざまである。アメリカ精神医学会の診断基準であるDSM-5（Diagnostic and Statistical Manual of Mental Disorders 5th Edition; 精神疾患の診断・統計マニュアル）では「神経認知障害群」というカテゴリが設けられ，認知障害の背景にある複数の脳の病変を重視している。医療現場では認知症の原因となる認知症疾患をさまざまな側面から医師が診断する。その際に既往歴や脳画像検査と並んで心理検査，とりわけ神経心理学的検査の結果が重要視されている。神経心理学的検査は他の検査や問診と並んで，認知症の全体的な臨床像を多角的にとらえるための総合アセスメントの一役を担っているといえる。

　認知症とは正常に発達した認知機能が脳の病的変化によって，日常生活や社会生活に支障をきたす程度にまで持続的に障害された状態と定義され，①何らかの脳の疾患によって，②認知機能に制限が生じ，③その結果として生活機能が障害されているという3つの条件があげられる（黒川・扇澤，2018）。生活・社会機能の低下による生きづらさや困りごとに対する支援計画を立て実行するには認知症の臨床像をとらえるアセスメントが重要であり，そのアセスメントの一環として認知障害の評価のために神経心理学的検査が用いられる。

　認知機能障害には代表的な記憶障害だけでなく，課題遂行能力，持続的注意力，選択的注意力，言語能力の衰退などがあり，それらの障害がどのように社会生活上の困難さに結びついているのかを評価しなければならない。認知症の有無や種類，程度などを適切に診断し，それに対する介入の効果を検討するには中核的症状である認知機能障害の評価は欠かせないものである。

　神経心理学は記憶，言語，認知，行為などの働きが脳のどの部位でどのような機序で営まれているかを明らかにする研究領域であり，認知症の約7割を占める変性性認知症のアセスメントもこの考えに基づいて進められる。変性性認知症には，「脳の萎縮する部位や程度が多様である」「種類によって障害される部位とその進行の仕方が異なる」という2つの特徴がある。そのため認知症は初期であるほど現れる認知機能障害が異なり，かつ脳の病変が広がる中期には

その多様性が目立たなくなるという傾向があるため，早期に現れた認知機能障害が，脳のどのような機能低下によるものかを把握すれば病型を見分けることができるのである（黒川・扇澤，2018）。

このような神経心理学の考え方に基づいて開発された心理検査には多様な種類が存在する。よって目的に合った適切な検査バッテリーを組むことが必要となる。認知症のアセスメントに用いられる神経心理学的検査は目的によって大きく3つに分けられる。その中でも本実習では，大まかに認知機能の程度を把握し，短時間で簡便に施行でき，認知症の有無を振るい分ける目的で用いられる**スクリーニング検査**（screening test）を取り上げる。実習では実施者が初学者であり，かつ実際に認知症のおそれのある対象者に査定を行うことは現実問題として困難である。そこで全体的な認知機能の評価と，検査者の心得の基礎を学ぶことを念頭において，比較的簡便に実施することが可能であるスクリーニング検査を用いる。実際の医療現場ではスクリーニング検査の実施後に，さらに詳細な個人内の認知機能障害のばらつきをとらえる「多機能検査」を実施したり，特定の脳の部位の機能を調べる「局所症状検査」を用いたりするなどのテストバッテリーを組むことがある（黒川・扇澤，2018）。たとえば，前頭葉の認知機能を評価する Frontal Assessment Battery（FAB）や記憶に特化した局所機能検査である Wechsler Memory Scale-Revised（WMS-R）などがあげられる。これらはスクリーニング検査に比べて詳細な手続きを必要とし実施者の熟練を必要とするため，実習の授業内で初学者が実施・解釈するのは困難である。

これに対しスクリーニング検査は専門的な手続きを用いなくとも実施でき，短時間で行えて採点も比較的容易であるという長所がある。一方で本来の知的能力が高い場合や練習効果によって認知機能の低下を見逃してしまうといった短所がある。この短所を補うために他の心理検査とのバッテリーを組んで多角的に検討するわけだが，失点した下位項目の内容や反応を詳細に検討することでもある程度は補うことが可能である。よって本実習では合計点だけで評価を機械的に行うのではなく，その内容を考慮することにも取り組んでみる。

ここまで実際の医療現場で行われる心理アセスメントのツールの一つである

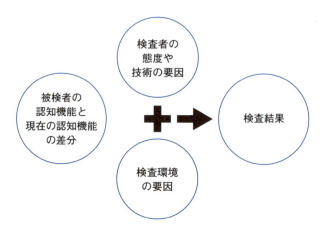

図 13.1　心理検査の結果に影響を与える要因

　神経心理学的検査について説明してきた。このツールを検査場面で使用する際には，実施をする検査者の態度や話し方を含めた技術，そして検査が実施される検査環境といった要因が結果に影響を与える（図 13.1）。実習ではそのような点にも十分に配慮する必要がある。心理アセスメントとは検査や問診，面接を含めた複数の要因から生成される仮説を修正していく過程にほかならない（津川，2018）。よって検査を受ける人の不安な気持ちに思いを馳せたり，その結果を伝える際には治療的な効果を含めたフィードバックをすることも過程の一部である。よって検査者は鍛錬を積んでアセスメント全体に習熟することが求められる。このような視点からとらえると神経心理学的検査の実施は認知機能評価の機会だけでなく，面接の一つの形態であり対話でもあるのである（小海・若松，2012）。しかし，本実習の時間内で検査者としてのスキルを全て習得するのにはもちろん無理があるため，医療現場で心理検査を行う初学者向けに書かれた良書である『シナリオで学ぶ医療現場の臨床心理検査』（津川・篠竹，2010）等を熟読し，被検査者との出会い方，結果の解釈，報告書の書き方，フィードバックの仕方を意識したうえで心理検査に取り組んでもらいたい。

　以上のことを踏まえたうえで，本章では神経心理学的検査の実施，採点，解釈を認知症のスクリーニング検査を用いて行う。具体的には**改訂 長谷川式簡**

易知能評価スケール（Hasegawa Dementia Scale-Revised; HDS-R）と**多面的初期認知症判定検査**（Multiphasic Early Dementia Examination; MEDE）の2つの心理検査を用いる。スクリーニング検査では大まかな認知機能を把握して認知症の有無を評価するが，どのような認知機能障害が想定されているのか，その背景機序について考察する。また，症状を詳細に検討するために必要であるテストバッテリーの意義についても考察する。

13.2 方　法

13.2.1 実施方法

　神経心理学的検査を経験するために，各グループで検査者と被検者に分かれて互いに検査を実施する。心理検査の導入に必要な説明や**ラポール**（rapport; 信頼関係）の形成については参考文献に触れて翌週までに準備を行い，互いにその内容を確認してみる。実施では認知症ではない実習参加者の認知機能を測定することになるが，どのような認知機能が背景に想定されているのかを説明できるようにするためには，検査の内容に実際に触れて検査者側と被検者側を体験しておくことが必須である。

13.2.2 検査道具

　本実習では，改訂 長谷川式簡易知能評価スケール（以下，HDS-R）と多面的初期認知症判定検査（以下，MEDE）の2つのスクリーニング検査を用いる。HDS-R は高い診断的妥当性が確認されており，言語性の機能を評価するのに適している。そのため運動に障害がある人にも施行できるが言語障害がある人へは配慮が必要である。一方で非言語性の機能は評価していない。そこで MEDE とテストバッテリーを組む。MEDE も HDS-R と同様に認知症の初期症状を多角的にとらえるのに適しているスクリーニング検査の一つであるが，特徴として認知機能障害の中核的症状と，認知症にともなう精神症状や問題行動などの周辺症状をとらえることができる。自己評価と他者評価の2つの側面から日常生活内での自己認識と他者認識の差分をとらえることもできる。その

差分を検討することは非言語性の機能のスクリーニングにも役立ち，さらに援助方法を検討する際の一助にもなる。

13.2.3 手続き

実習では2名がペアとなり，1名を検査者，もう1名を被検者として個別に実施する。MEDEは他者評価の検査項目があり，従来は家族など生活を共にする者が記入して本人の認識との比較に使用する。実習では可能であれば，家族や普段から親しい友人に実際に記入してもらい，翌週に採点をする。その際の依頼の仕方と検査の説明もマニュアルと参考文献を使用して準備しておく。

実習で用いる2つの検査は認知症による認知機能の衰えを評価する目的で作成されたものなので，当然のことながら一般的な大学生の得点は高くなるが，得点の高低よりも実施の手順や結果整理の仕方に重きをおく。

妥当性の高い心理検査を施行するためには検査者の姿勢が重要である。心理検査は実習で体験した他の心理実験・調査と同様に，ある刺激を呈示して，その反応に対するデータを採取するという過程では共通な部分もある。しかし，大きな違いはそのデータ採取の目的と取扱いにある。心理実験・調査では明確な研究目的に従って客観的に心理現象を探るためにデータを採取する。そしてデータを平均値にするなど全体的に統計処理を行うことで個別データが特定されなくなる。それに対して心理検査のデータは個人の認知機能の状態・知的水準・パーソナリティ側面等をアセスメントするために採取され，治療や心理療法への導入としてその後の医療や福祉の方向性を検討する指針となる。よって実験で得られたデータと異なり心理検査の内容は被検者本人のものという意識が大切であり，実施も被検者のために行われるものである。またそのことが実施前に本人に伝わる必要がある。よって妥当な検査結果とは検査者の熟達した技術によって，被検者の普段の能力が十分に発揮された結果であると認識する必要がある。スクリーニング検査は簡便性が高いため，実施者の影響が比較的少ない部類ではあるものの，検査の手続きや内容を理解し，被検者とラポールを築いたうえで，適切な検査環境下で実施する必要がある。表13.1に本実習でのスクリーニング検査実施の手続きに必要な検査目的・手続きの説明に最低

13.2 方　法

表 13.1　スクリーニング検査に必要な目的と手続きの説明事項の例
(黒川・扇澤，2018，p.30，表 1-5 を参考に作成)

検査目的の説明	・認知機能の状態（脳の働き）をみるための検査であると伝える ・加齢による正常なものと，病気によるものがあるので，それを調べるために行うと伝える ・主治医から処方された薬の効果を評価するために検査を行うと伝える ・日常で感じている困り感に対する対応や工夫を検討するため，得意なことと苦手なことを調べるために行うと伝える ・他の疾患により注意力や集中力が落ちることがあるので，状態を評価して治療方針の参考にするため行うと伝える
検査目的の手続きの説明	・おおよその質問の数を伝える ・おおよその実施時間を伝える ・課題の内容の概要（書いたり，覚えたりなど）を伝える ・課題の難易度（簡単と感じる問題や難しいと感じる問題）がどれくらいかを伝え，できる範囲で答えていただくことを伝える ・できない問題があったとしても心配はないことを伝える

　限必要とされる事項をあげるのでこれを参考にして，検査導入時の検査者の説明を作成してもらいたい。心理実験の教示や倫理的配慮との共通点と相違点について整理しておくと理解が深まる。

　検査環境については，検査者の注意力や集中力が阻害されないような環境で行う必要がある。実習で用いる2つの心理検査の回答へのヒントとなるような刺激や，注意や集中を妨げる要因にはどのようなものがあるか検討して，適切な検査環境へと整える。具体例をあげると，部屋の明るさや雰囲気，十分な広さの机と適度な距離感が保たれた椅子，周囲の雑音や検査のヒントとなるような不要な情報が部屋にないかなどに留意する必要がある。本実習で用いる2つの検査内容に触れ，これらの検査の妥当性が保たれるために必要な検査環境を，議論のうえで整理してもらいたい。

　検査実施時の被検者とのラポールに必要な挨拶や自己紹介，心理検査の説明をする際の話し方や身だしなみについても議論してもらいたい。たとえば，どのような服装が検査者として相応しいか，被検者が気をとられて注意力などの認知資源が奪われるような刺激（服や髪の色や香水の匂いなど）にはどのよう

なものがあるか，被検者の不安や心配を減らすような表情や口調とはどのようなものかなどをポイントとしてあげて準備する。

　検査中の手続きとして重要なのが検査中の結果のフィードバックの有無である。手続き上間違いを訂正しなくてはならない一部の検査を除いて，基本的には検査者は被検者の現在の能力を担保するような環境を作りつつも，検査結果を歪めるようなヒントや回答のフィードバックを行ってはならない。被検者の現状よりも高い（もしくは低い）得点はアセスメントを歪め，その後の適切な支援計画の弊害となり，結果として被検者の不利益につながることもある。被検者の意欲を保つ励ましや雰囲気と，検査結果を歪める対応の違いについても議論を行ってあらかじめ整理してもらいたい。

13.3 結　果
13.3.1 整　理

　心理検査の得点を整理する際にはマニュアルを遵守する。本実習で用いた2つの神経心理学的検査においても例外ではない。以下に2つの検査の結果でとらえられるポイントをまとめておく。

　HDS-Rは30点満点の検査で，得点が低いほど，認知機能障害の可能性が高いことを示している。冊子の内側でスケールの得点とカットオフポイントを確認できる。

　MEDEには本人検査用（A式・b式）と他者評価用（c式）の2種類の検査がある。マニュアルに従ってそれぞれの得点を算出する。A式の知的機能検査ではエピソード記憶・意味記憶・数の操作・短期記憶・知覚判断連続作業に関する認知機能水準の評価と，それらを統合した全体評価が行える。b式の自己評価検査では記憶障害（一般もの忘れ・自己懐疑もの忘れ・障害顕在もの忘れ）に加えてHDS-Rには含まれていない情緒不安，身体不調，意欲低下の周辺症状が評価でき，中核の症状に関する認知機能水準とあわせて評価できる。またc式の他者評価検査の測定因子はb式の自己評価検査と同一なので，本人と他者との認識の差分を算出することが可能となる。

13.3.2 分析

マニュアルに従って採点を行い，算出された得点を標準化された重症度の平均得点と比較する。実際の臨床現場ではそれらの得点と標準偏差だけでなく，被検者の日常的な生活に関する聞き取りと既往歴の対応を分析していく。たとえば HDS-R のカットオフポイントと重症度の得点はスクリーニングの際に参考になるが，実際にはカットオフポイントを上回っても認知症の人もいれば，その逆もある（黒川・扇澤，2018，p.24 の図 1.9 参照）。認知症とはその人の本来の知的機能から低下した状態であるため，既往歴や本来の認知機能の程度を可能な限り把握して，その差分をとらえることの重要性が表れている。そのような意味でも検査者が被検者の日常的な生活の聞き取りを行って，認知能力をアセスメントする技量が求められていることがわかる。

13.4　考察のポイント

本章では主に以下の3つのポイントから考察する。①検査結果で得られた得点がどのような認知機能を評価しており脳のどの部位の衰えと対応しているのか，②スクリーニング検査の結果を受け，詳細に局所的機能検査等を行うテストバッテリーを想定し，どのような結果が得られた場合にどの検査を実施するのが適切か，③認知機能障害による症状を想定し，日常生活上の困難さにどのように現れるか，を考察してもらいたい。以下に3つのポイントについて説明する。

13.4.1　検査結果はどのような認知機能を評価しており，脳のどの部位の衰えと対応しているのか

認知症のアセスメントをする際には，脳の構造と機能をある程度理解する必要がある。本実習で用いた2つの神経心理学的スクリーニング検査と関連性が高い，脳の部位と認知機能については以下の解説にポイントをまとめた。

「13.5.1（1）　脳の層化構造について」を参考にして認知症に典型的な症状が脳のどの層と関連しているかを考察してみよう。また，「13.5.1（2）　大脳新皮

質の構造について」を参考にして本実習で用いた神経心理学的検査のどの検査項目がどの部位の認知機能を評価しているかを考察してみよう。

13.4.2 スクリーニング検査の結果からどのようなテストバッテリーを実施するのか

たとえば，HDS-R の記憶課題には 3 語の即時再生と遅延再生がある。遅延再生の平均点は記憶障害の進行にともない低下していくと考えられ，関連している脳の部位がある程度想定できる。そのうえで，平均点の低下が記憶障害によるものなのか，他の障害による影響があるのかを見分けることができる（黒川・扇澤，2018）。たとえば遅延再生でヒントを呈示しても失点した場合，3 つの選択肢をあげて再認課題を行うことで（マニュアルの採点基準に従った通常の手続きが終了した後に），より詳しく原因を検討できる。再認課題で正解の単語を選んだ場合，記銘と保持ではなく想起の段階（第 7 章を参照），もしくは言語に障害があることが疑われる。

この HDS-R の 3 語などのように記銘する刺激が単純な検査では，認知症初期の近時記憶障害の検出は困難である。よって WAIS-Ⅲ の下位検査である「数唱」だけを抜粋して追加施行したり，より複雑な単語や視覚刺激を記銘する COGNISTAT や WMS-R 等の検査を実施して検出力を高める。このようにして今後のテストバッテリーを組む方向性も定まるのである（黒川・扇澤，2018）。たとえば，WAIS-Ⅲ の「積木」を追加施行するバッテリーを組む際にはどのような症状の評価が目的となっているか考察することで，心理検査と認知機能の関係について理解を深めることができる。

13.4.3 認知機能障害によってどのような症状が想定されるか，またその症状は日常生活上の困難さにどのように現れるのか

脳の認知機能障害は，日常生活の困りごとと関連させて支援へつなげる視点が，治療のために重要である。たとえば，HDS-R の質問内容の 5 番と MEDE (A) の 11 番は共に 100 から 7 を引いていく課題，HDS-R の質問内容の 6 番と MEDE (A) の 10 番は共に逆唱の課題である。これらの課題は認知機能の中

でも作業記憶（ワーキングメモリ）について評価を行っていると理解できるだろう。この課題でつまずきが多ければ作業記憶の衰えが想定されるが，それが脳レベルで起こっていることとして，日常生活にどのような影響を及ぼしているかを考えることが必要である。脳のレベルでは作業記憶に関連する前頭葉機能の衰えを，日常生活レベルでは長い会話の文脈の把握や，話をまとめて相手にわかりやすく伝えることの困難さ等が想定できるだろう。そのうえで，どのような治療や支援につなげていけるのか可能性を探り，単なる統計上の数値としてとらえない視点が重要である。たとえば，前述の作業記憶の衰えに加えてMEDEの周辺症状の情緒不安や意欲低下の評価項目でも低下がみられたとする。その場合はうつ症状がもたらす意欲低下という視点だけでなく作業記憶の衰えも視野に加えると，他者とのコミュニケーションに億劫さを感じて以前と同様の社会生活を送ることが難しい状況が背景にある可能性も検討することができる。さらなる検査や聞き取りを加えて，このようにして立てた仮説に修正を加えて総合的なアセスメントにつなげていくのである。

13.5 課題の解説

13.5.1 神経心理学的検査で評価する認知機能障害と脳の構造について

1. 脳の層化構造について

　認知症に関係する認知機能を理解する際には，まずは脳の構造と機能を大局的にとらえてから，局所的な部位と機能を理解すると整理しやすい。大局的にとらえると脳は内側にある発生学的に古い部分から外側に向かって，さながら建増し住宅のように外側へと進化してきたと考えられている。よって大まかではあるが，内側に向かうほど，他の動物と共通な生命維持に必要とされる部位が多く，外側に人間独自の知的活動に関連する高次な認知機能を司る部位があるととらえられる。脳を3層としてとらえる場合，生命維持活動を担う「脳幹」，情動を司る扁桃体や記憶に関連する海馬を含む比較的原始的な部位である「大脳辺縁系」，そして人間らしい生活を営むために不可欠な知的能力を司る「大脳新皮質」に分けるとわかりやすい。これらは認知症の諸症状がどの層と関連

しているかを大局的にとらえるときに必要な知識である。

2. 大脳新皮質の構造について

　大脳新皮質は大きな溝によって構造的に4つに分けることができる。脳は複雑なネットワークを形成してさまざまな心理機能を大局的に表現しているが，大まかな機能的分類を理解するために4つの部位が担う認知機能を単純化してみる。このような視点は実際のスクリーニングやアセスメントにおいて有用である。「後頭葉」は視覚認知，「頭頂葉」は対象の位置関係の把握や感覚運動の統合，「側頭葉」は長期的な記憶・聴覚・言語理解，「前頭葉」は感情の制御・行動の計画・意思決定・注意・発話などに関係している。認知症にみられる認知機能障害はこの新皮質の部位の衰えが想定されることが多い。より詳細な説明や局所的部位の働きについては参考図書を参照していただきたい。

●発展課題

1. 本実習で用いた2つのスクリーニング検査以外にも，どのような検査が現場で使用されているのか，多機能検査や局所症状検査も含めて調べてみよう。
2. 認知症のアセスメントを行う際に神経心理学的検査とパーソナリティ検査をテストバッテリーとして用いることが多い。認知症においてはパーソナリティのどのような側面を評価するのが適切か考えてみよう。
3. 認知症のアセスメントに必要な情報として心理検査以外にどのような問診や検査が必要か考えてみよう。また医療現場で実際にどのような総合的アセスメントが行われているか調べてみよう。

●参考図書

津川 律子・篠竹 利和（2010）．シナリオで学ぶ医療現場の臨床心理検査　誠信書房
　実際の医療現場において，検査者がどのように心理アセスメントを行うかストーリーに沿って説明されている入門書で，心理検査への導入から実施まで，初学者に必須の知見が平易に書かれている。きわめて実用性が高い良書なので，心理検査実施前にぜひ一読していただきたい。

黒川 由紀子・扇澤 史子（編）（2018）．認知症の心理アセスメント　はじめの一歩　医学書院

医療現場での認知症のアセスメントについて，神経心理学的検査の実施や種類，バッテリーの組み方など，現場の視点から詳細に解説がされている．事例による実際の症例と支援方法の説明などが初学者にもわかりやすく書かれており，本実習のレポート作成時には必読の一冊である．

岡田 隆・廣中 直行・宮森 孝史（2015）．生理心理学［第2版］――脳の働きから見た心の世界――　サイエンス社

脳の仕組みと認知機能の関連について基礎的な知識が適切にまとめられている．生理心理学・認知心理学領域でも触れられる機会が増えてきた，臨床心理学と脳科学の関係性が第12章に複数の事例とともに概説されていて，発達と老化についての知見にも触れられる．

村上 郁也（編）（2010）．イラストレクチャー認知神経科学――心理学と脳科学が解くこころの仕組み――　オーム社

認知神経科学の研究について体系的にまとめられている．研究法や測定法に関しても詳細な説明があるほか，神経心理学的な障害も網羅されているが，難易度は低くないため，基礎的な知識を身につけた後，さらに専門的な知見に触れたいときに手にとってもらいたい．

引用文献

第1章
Loftus, E. F., & Pickrell, J. E. (1995). The formation of false memories. *Psychiatric Annals, 25*, 720-725.
日本心理学会倫理委員会（編）(2009)．公益社団法人日本心理学会倫理規程　金子書房
Peirce, C. S. (1877). The fixation of belief. *Popular Science Monthly, 12*, 1-15.
Watson, J. B. (1916). The place of conditioned reflex in psychology. *Psychological Review, 23*, 89-116.

第2章
大久保 街亜・岡田 謙介 (2012)．伝えるための心理統計——効果量・信頼区間・検定力——　勁草書房
田村 亮 (2010)．日本語による心理学論文執筆スキル　感情心理学研究, *17*, 190-198.
Tay, L., Parrigon, S., Huang, Q., & LeBreton, J. M. (2016). Graphical descriptives: A way to improve data transparency and methodological rigor in psychology. *Perspectives on Psychological Science, 11*, 692-701.
Weissgerber, T. L., Milic, N. M., Winham, S. J., & Garovic, V. D. (2015). Beyond bar and line graphs: Time for a new data presentation paradigm. *PLoS Biology, 13*, e1002128.

コラム2.1
Frank, M. C., & Saxe, R. (2012). Teaching replication. *Perspectives on Psychological Science, 7*, 600-604.
加藤 司 (2018)．『パーソナリティ研究』の新たな挑戦——追試研究と事前登録研究の掲載について——　パーソナリティ研究, *27*, 99-124.
Open Science Collaboration (2015). Estimating the reproducibility of psychological science. *Science, 349*, aac4716.
Standing, L. G., Astrologo, L., Benbow, F. F., Cyr-Gauthier, C. S., & Williams, C. A. (2016). A successful test of parallel replication teams in teaching research methods. *Psychology Teaching Review, 22*, 49-57.
Zwaan, R. A., Etz, A., Lucas, R. E., & Donnellan, M. B. (2018). Making replication mainstream. *Behavioral and Brain Sciences, 41*, e120. doi:10.1017/S0140525X17001972

第3章
Ginsburg, A. P. (1986). Spatial filtering and visual form perception. In K. R. Boff, L. Kaufman, & J. P. Thomas (Eds.), *Handbook of perception and human performance*. Vol. 2. *Cognitive processes and performance* (pp. 1-41). Oxford, England: John Wiley & Sons.
Müller-Lyer, F. C. (1889). Optische Urteilstäuschungen. *Archiv für Anatomie und Physiologie, Physiologische Abteilung, 2*, 263-270.
大山 正 (2000)．視覚心理学への招待——見えの世界へのアプローチ——　サイエンス社

第 4 章

Loomis, J. M., & Collins, C. C. (1978). Sensitivity to shifts of a point stimulus: An instance of tactile hyperacuity. *Perception and Psychophysics, 24*, 487–492.

Vierordt, K. (1870). Die Abhängigkeit der Ausbildung des Raumsinnes der Haut von der Beweglichkeit der Kerpertheile. *Zeitschrift für Biologie, 6*, 53–72.

Weber, E. H. (1996). *E. H. Weber on the tactile senses* (2nd ed.), Hove, U.K.: Erlbaum. (Original work published in 1834)

Weinstein, S. (1968). Intensive and extensive aspects of tactile sensitivity as a function of body part, sex, and laterality. In D. R. Kenshalo (Ed.), *The skin senses* (pp. 223–261). Springfield, IL: Charles C. Thomas.

第 5 章

三谷 恵一（1971）．両側性転移における中枢説と末梢説の検討　心理学研究, *42*, 137–141.

大久保 街亜・鈴木 玄・Nicholls, M. E. R.（2014）．日本語版 FLANDERS 利き手テスト――信頼性と妥当性の検討――　心理学研究, *85*, 434–442.

Oldfield, R. C. (1971). The assessment and analysis of handedness: The Edinburgh inventory. *Neuropsychologia, 9*, 97–133.

Underwood, B. J. (1949). *Century psychology series. Experimental psychology: An introduction.* East Norwalk, CT: Appleton-Century-Crofts.

第 6 章

Besner, D., & Coltheart, M. (1979). Ideographic and alphabetic processing in skilled reading of English. *Neuropsychologia, 17*, 467–472.

Cattell, J. M. (1886). The time it takes to see and name objects. *Mind, 11*, 63–65.

Craft, J. L., & Simon, J. R. (1970). Processing symbolic information from a visual display: Interference from an irrelevant directional cue. *Journal of Experimental Psychology, 83*, 415–420.

北神 慎司・菅 さやか・KIM Heejung・米田 英嗣・宮本 百合（2009）．トイレのマークは色が重要？――トイレマークの認知におけるストループ様効果――　日本認知心理学会第 7 回大会発表論文集, 19.

Stroop, J. R. (1935). Studies of interference in serial verbal reactions. *Journal of Experimental Psychology, 18*, 643–662.

第 7 章

Atkinson, R. C., & Shiffrin, R. M. (1968). Human memory: A proposed system and its control processes. In K. W. Spence, & J. T. Spence (Eds.), *The psychology of learning and motivation*. Vol. 2. (pp. 89–195). New York, NY: Academic Press.

Brown, J. (1958). Some tests of the decay theory of immediate memory. *Quarterly Journal of Experimental Psychology, 10*, 12–21.

Glanzer, M., & Cunitz, A. R. (1966). Two storage mechanisms in free recall. *Journal of Verbal Learning and Verbal Behavior, 5*, 351–360.

Murdock, B. B. (1962). The serial position effect of free recall. *Journal of Experimental Psychology, 64*, 482–488.

Peterson, L. R., & Peterson, M. J.（1959）. Short-term retention of individual verbal items. *Journal of Experimental Psychology, 58*, 193-198.

Postman, L., & Phillips, L.W.（1965）. Short-term temporal changes in free recall. *Quarterly Journal of Experimental Psychology, 17*, 132-138.

佐藤 浩一（1988）．長期新近性効果の解釈をめぐる諸問題　心理学評論, *31*, 455-479.

第8章

青野 篤子（1981）．個人空間に及ぼす性と支配性の影響　心理学研究, *52*, 124-127.

青野 篤子（2003）．対人距離の性差に関する研究の展望――従属仮説の観点から――　実験社会心理学研究, *42*, 201-218.

Edney, J. J., Walker, C. A., & Jordan, N. L.（1976）. Is there reactance in personal space?*Journal of Social Psychology, 100*, 207-217.

Evans, G. W., & Howard, R. B.（1973）. Personal space. *Psychological Bulletin, 80*, 334-344.

Hall, E. T.（1966）. *The hidden dimension*. New York, NY: Doubleday & Co.
　　（ホール，E. 日高 敏隆・佐藤 信行（訳）（1970）．かくれた次元　みすず書房）

Horowitz, M. J., Duff, D. F., & Stratton, L. O.（1964）. Body-buffer zone. *Archives of General Psychiatry, 11*, 651-656.

飯塚 重善（2005）．絵でわかる安心空間ガイドライン　NTT技術ジャーナル, *17*, 46-49.

菊沢 康子（1984）．住空間における対人距離（第1報）――個人的属性の影響――　家政学雑誌, *35*, 132-137.

内藤 和彦・橋本 雅好・日色 真帆・藤田 大輔（編著）（2010）．設計に活かす建築計画　学芸出版社

西出 和彦（1985）．人と人の間の距離――人間の心理・生態からの建築計画（1）――　建築士と実務, *8*, 95-99.

Scott, A. L.（1993）. A beginning theory of personal space boundaries. *Perspectives in Psychiatric Care, 29*, 12-21.

Sommer, R.（1959）. Studies in personal space. *Sociometry, 22*, 247-260.

Sommer, R.（1969）. *Personal space: The behavioral basis of design*. Englewood Cliffs, NJ: Prentice Hall.
　　（ソマー，R. 穐山 貞登（訳）（1972）．人間の空間――デザインの行動的研究――　鹿島出版会）

Sommer, R.（2003）. Personal space in a digital age. In R. B. Bechtel, & A. Churchman（Eds.）, *Handbook of environmental psychology*（pp. 647-660）. New York: NY: John Wiley & Sons.

Sommer, R., & Ross, H.（1958）. Social interaction on a geriatrics ward. *International Journal of Social Psychiatry, 4*, 128-133.

田中 政子（1973）．Personal space の異方的構造について　教育心理学研究, *21*, 223-232.

吉田 富二雄・堀 洋道（1989）．仲間集団の存在および視線遮断がパーソナル・スペースに及ぼす効果　心理学研究, *60*, 53-56.

第9章

井上 正昭・小林 利典（1985）．日本におけるSD法による研究分野とその形容詞対尺度構成の概観　教育心理学研究, *33*, 253-260.

Osgood, C. E., Suci, G. J., & Tannenbaum, P. H.（1957）. *The measurement of meaning*. Urbana,

IL: University of Illinois Press.

第10章

朝倉 康夫（1997）．官能検査（4）官能評価に用いられる統計手法　日本ブドウ・ワイン学会誌，*8*, 105-111.

Brown, T. C., & Peterson, G. L. (2009). *An enquiry into the method of paired comparison: Reliability, scaling, and Thurstone's law of comparative judgment.* Rocky Mountain Research Station General Technical Report (RMRS-GTR-216WWW). Fort Collins, CO: U.S. Department of Agriculture, Forest Service, Rocky Mountain Research Station.

Fechner, G.T. (1860). *Elemente der Psychophysik*. Leipzig: Breitkopf and Hartel.

國枝 里美（2012）．製品開発の官能評価——分析型パネルと嗜好型パネルの違いについて——　化学と生物，*50*, 742-747.

酒井 浩二・山本 嘉一郎（編著）（2008）．Excel で今すぐ実践！感性的評価——AHPとその実践例——　ナカニシヤ出版

心理学実験指導研究会（編）（1985a）．実験とテスト＝心理学の基礎——実習編——　培風館

心理学実験指導研究会（編）（1985b）．実験とテスト＝心理学の基礎——解説編——　培風館

Sheffé, H. (1952). An analysis of variance for paired comparison. *Journal of American Statistical Association, 47*, 381-400.

Thurstone, L. L. (1927a). A law of comparative judgment. *Psychology Review, 34*, 273-286.

Thurstone, L. L. (1927b). The method of paired comparisons for social values. *Journal of Abnormal Social Psychology, 21*, 384-400.

Titchener, E. B. (1901). *Experimental psychology: A manual of laboratory practice*. Vol. 1. *Qualitative experiments*. New York, NY: Macmillan.

第11章

Edelberg, R. (1972). Electrodermal recovery rate, goal-orientation, and aversion. *Psychophysiology, 9*, 512-520.

道弘 和美・宮田 洋（1985）．定位反応研究について——われわれの 25 ヵ年の知見を中心として——　人文論究，*34*, 51-73.

新美 良純・鈴木 二郎（編著）（1986）．皮膚電気活動　星和書店

沼田 恵太郎・宮田 洋（2011）．皮膚電気条件づけ——その意義と研究動向——　人文論究，*61*, 55-88.

第12章

小島 康生（2016）．人間の観察研究における再現可能性の問題　心理学評論，*59*, 108-113.

総務省情報通信政策研究所（2016）．平成 27 年情報通信メディアの利用時間と情報行動に関する調査報告書　総務省　Retrieved from http://www.soumu.go.jp/iicp/chousakenkyu/data/research/survey/telecom/2016/02_160825mediariyou_houkokusho.pdf（平成 30 年 12 月 6 日）

依田 麻子・上里 一郎（2002）．セルフモニタリングの技法　岡堂 哲雄（監修）心理カウンセリング PCA ハンドブック（pp. 90-100）　至文堂

第13章

小海 宏之・若松 直樹（編）（2012）．高齢者のこころのケアの実践　上巻——認知症ケアのための心理アセスメント——　創元社

黒川 由紀子・扇澤 史子（編）（2018）．認知症の心理アセスメント　はじめの一歩　医学書院

津川 律子（2018）．面接技術としての心理アセスメント——臨床実践の根幹として——　金剛出版

津川 律子・篠竹 利和（2010）．シナリオで学ぶ医療現場の臨床心理検査　誠信書房

人名索引

ア 行
アンダーウッド（Underwood, B. J.）66

ウェーバー（Weber, E. H.）60, 61

ヴント（Wundt, W.）2, 50

エビングハウス（Ebbinghaus, H.）98

オズグッド（Osgood, C. E.）116

カ 行
キャノン（Cannon, W. B.）140

グレゴリー（Gregory, R.）50

ケーラー（Köhler, W.）3

ゴールトン（Galton, F.）4

サ 行
サーストン（Thurstone, L. L.）136

ジェームズ（James, W.）2

ストループ（Stroop, J. R.）84

ソマー（Sommer, R.）104

タ 行
ダーウィン（Darwin, C.）4

タカノフ（Tarchanoff, I.）140

ティチェナー（Titchener, E. B.）135

ハ 行
パース（Peirce, C. S.）4, 5

パヴロフ（Pavlov, I. P.）3, 140

ビネー（Binet, A.）4

フェヒナー（Fechner, G. T.）48, 60, 61, 135

フェレ（Féré, C.）140

フロイト（Freud, S.）3

ベヒテレフ（Bekhterev, V. M.）3

ヘルムホルツ（von Helmholtz, H.）2

ホール（Hall, E. T.）110, 111

マ 行
ミラー（Miller, G. A.）98

ラ 行
レヴィン（Lewin, K.）3

ロフタス（Loftus, E. F.）11

ワ 行
ワトソン（Watson, J. B.）2, 3

事項索引

ア　行
維持リハーサル　92
一対比較法　126

ウェーバーの法則　61
疑わしい研究慣習　36

カ　行
改訂 長谷川式簡易知能評価スケール　160
外的妥当性　10
学習曲線　73
カクテルパーティ現象　78
活動性　118
下弁別閾　61
慣化　140
感覚順応　128
観察法　150
干渉　78
官能評価　126, 136

記憶の多重貯蔵モデル　92
機能主義的　2
客観的心理学　3
極限法　49

系列位置効果　91
ゲシュタルト心理学　3

効果量　27
高原現象　74
恒常性　146
恒常法　49
行動主義　2

サ　行
サーストン法　126
再現性の危機　35
錯視　42

シェッフェ法　126
刺激閾　61
事象見本法　150
自然観察法　104
主観的等価点　42
上弁別閾　61
触2点閾　54
初頭性効果　91
新奇性　140
新近性効果　91

スクリーニング検査　159
ストループ効果　78

精神分析学　3
精神物理学　48, 135
精神物理学的測定法　43
生態学的妥当性　155
正の転移　74
精緻化リハーサル　92
絶対閾　61
セルフモニタリング　150
選択的注意　78

タ　行
脱慣化　140
多面的初期認知症判定検査　161

知覚運動協応　66

長期新近性効果　100
調整法　48
丁度可知差異　61

定位反応　140
停止距離法　105
転移　66, 74

闘争−逃走反応　146
登録制追試報告　37

ナ　行
内的妥当性　10

ハ　行
パーソナル・スペース　104

非実験的研究　11
美的判断　126
皮膚コンダクタンス反応　140
評価性　118

フェヒナーの法則　61

不思議な数字 7 ± 2　98
負の転移　74
プロフィール　120

弁別閾　61

マ　行
ミュラー・リヤー錯視　42

ヤ　行
要素主義的　2

ラ　行
ラポール　161

力量性　118
両側性転移　66

ワ　行
ワーキングメモリ　99

英　字
SD法　116

執筆者紹介

【編者略歴】

厳島　行雄（いつくしま　ゆきお）（第1章執筆）

1976年　日本大学文理学部卒業
1981年　日本大学大学院文学研究科心理学博士後期課程満期退学
現　在　日本大学文理学部心理学科教授　文学博士（日本大学）

主要著書・論文

『シリーズ 刑事司法を考える　第1巻　供述をめぐる問題』（分担執筆）（岩波書店, 2017）
『日中 法と心理学の課題と共同可能性』（分担執筆）（北大路書房, 2014）
『心理学概説——心理学のエッセンスを学ぶ——』（共編）（啓明出版, 2014）
『法と心理学』（分担執筆）（法律文化社, 2013）
『現代社会と応用心理学7　クローズアップ犯罪』（分担執筆）（福村出版, 2013）
『現代の認知心理学2　記憶と日常』（共編）（北大路書房, 2011）
『心のかたちの探究——異型を通して普遍を知る——』（分担執筆）（東京大学出版会, 2011）

依田　麻子（よだ　あさこ）（第5章, 第11章, 第12章執筆）

1981年　日本大学文理学部心理学科卒業
1987年　日本大学大学院文学研究科心理学専攻博士後期課程満期退学
現　在　日本大学文理学部心理学科教授　博士（心理学）（日本大学）

主要著書・論文

『心理学概説——心理学のエッセンスを学ぶ——』（分担執筆）（啓明出版, 2014）
『心理学研究法——データ収集・分析から論文作成まで——』（分担執筆）（サイエンス社, 2005）
『心理カウンセリング PCA ハンドブック』（分担執筆）（至文堂, 2002）
「認知制御レベルの違いによる脳波活動の変動」（共著）（日本大学心理学研究, *40*, 2019）

望月　正哉 （第 2 章，第 3 章，第 6 章執筆）
　　　もちづき　まさや

2007 年　日本大学文理学部心理学科卒業
2012 年　日本大学大学院文学研究科心理学専攻博士後期課程修了
現　在　日本大学文理学部心理学科准教授　博士（心理学）（日本大学）

主要著書・論文

『発達と学習』（分担執筆）（弘文堂，2016）
『心理学概説──心理学のエッセンスを学ぶ──』（分担執筆）（啓明出版，2014）
"The flexibility of association between temporal concepts and physical space in the Japanese language"（*International Journal of Psychology*, 2018）
「身体化された認知は言語理解にどの程度重要なのか」（心理学評論，*58*（4），2015）

【執 筆 者】名前のあとの括弧内は執筆担当章を表す。

大森　馨子 （第 4 章）日本大学文理学部非常勤講師
　おおもり　けいこ

内藤　佳津雄 （第 7 章）日本大学文理学部心理学科教授
　ないとう　かつお

福島　由衣 （第 8 章）日本大学文理学部人文科学研究所研究員
　ふくしま　ゆい

山本　真菜 （第 9 章）日本大学商学部総合教育部会専任講師
　やまもと　まな

木村　敦 （第 10 章）日本大学危機管理学部危機管理学科准教授
　きむら　あつし

吉野　大輔 （第 13 章）日本大学芸術学部芸術教養課程准教授
　よしの　だいすけ

テキストライブラリ 心理学のポテンシャル=別巻4
ポテンシャル心理学実験

2019年4月10日Ⓒ　　　　初版発行

編　者　厳島行雄　　発行者　森平敏孝
　　　　依田麻子　　印刷者　中澤　眞
　　　　望月正哉　　製本者　米良孝司

発行所　株式会社　サイエンス社
〒151-0051　東京都渋谷区千駄ヶ谷1丁目3番25号
営業 TEL　(03)5474-8500(代)　　振替 00170-7-2387
編集 TEL　(03)5474-8700(代)
FAX　　(03)5474-8900

組版　ケイ・アイ・エス
印刷　㈱シナノ　　　　製本　ブックアート
《検印省略》

本書の内容を無断で複写複製することは，著作者および出版者の権利を侵害することがありますので，その場合にはあらかじめ小社あて許諾をお求め下さい．

ISBN978-4-7819-1444-2
PRINTED IN JAPAN

サイエンス社のホームページのご案内
http://www.saiensu.co.jp
ご意見・ご要望は
jinbun@saiensu.co.jp　まで．